한강물길 따라 걷는 경기옛길

경기옛길

한강물길 따라 걷는

최철호 지음

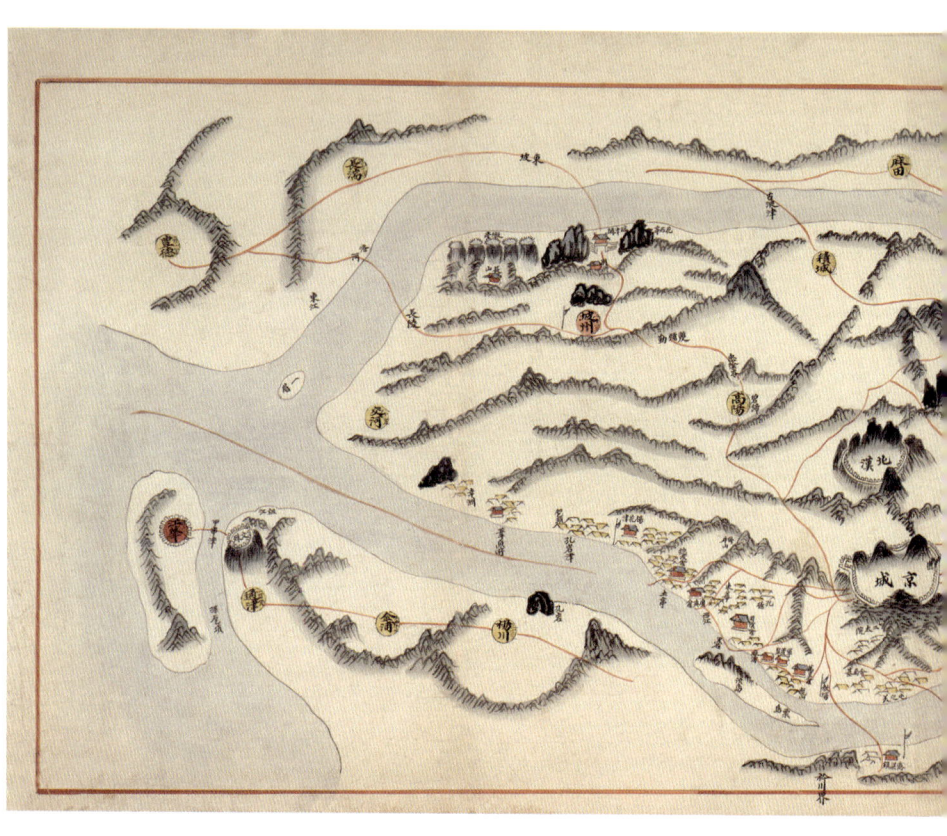

경강부임진도, 동국여도, 19세기 전반, 서울대규장각

한양도성도, 1770년대, 삼성미술관 리움 소장

• 목차 •

머리말 | 경기는 언제부터 '경기(京畿)'였을까? 11

1 | 북한강과 남한강의 만남

북한강과 남한강이 마주하는 곳, 양근 18
삼각산과 한강이 지켜온 고을, 양주 26
두 물이 빚은 역사, 남양주 44

2 | 철옹성이 감싼 한강 남쪽

남한산성과 행궁의 도시, 광주 58
한양도성과 남한산성을 잇는 혈맥, 성남 68
성곽 너머 한강을 품은 도시, 하남 80

3 | 한양으로 향한 나룻길

600년 수운의 관문, 노량진 92
시흥행궁과 관아의 신도시, 시흥 104
정조의 원행길, 과천 112

4 | 한강 위에 피어난 섬들

백사주이십리, 여의도 124
믿음과 희생의 자리, 양화진과 잠두봉 128
한강이 기억하는 섬, 난지도·선유봉·밤섬 134

5 | 안양천이 품은 삶의 터전

겸재 정선의 붓끝이 머문 고을, 양천　142
강과 시간이 만나는 땅, 금천　154
안양천이 품은 포구의 기억, 영등포　158

6 | 경계의 물길, 임진강

임진강과 한강이 만나는 땅, 파주　164
끊긴 선로 위의 시간, 장단　174
산과 강 그 경계의 기억, 고양　180

7 | 바다로 향하는 한강의 끝자락

물길을 건너는 관문, 김포　194
한강 하류 조강의 경계, 통진　208
요새의 섬, 강화　214
서해의 관문, 교동도　220

맺음말 | 경기 아리랑　226

일러두기

1. 《경인일보》에 실린 칼럼 〈톡(talk)! 세상〉에서 발췌하여 엮었다.
2. 본문에는 지명의 옛 이름을 살리기 위해 아래와 같이 통일하여 표기하였다.
    · 북한산 → 삼각산
    · 북악산 → 백악산
    · 낙산 → 낙타산
    · 남산 → 목멱산
    · 양수리 → 두물머리
    · 한강 하류 → 조강

• 머리말 •

경기는 언제부터 '경기(京畿)'였을까?

　서울은 산과 강이 만든 도시다. 삼각산에서 관악산까지 이어진 물줄기가 한강으로 모이고, 양평 두물머리를 거쳐 서해로 흘러간다. 서울의 심장이 한강이라면, 경기는 그 심장을 감싸는 울타리이자 방패였다.

　'한강'이라는 이름은 '한'(크다)과 '가람'(강)에서 비롯된 이름이다. 삼국시대에는 아리수, 욱리하 등으로 불렸고, '한수'라 하여 강을 경계로 지역을 나누기도 했다.

　한강에는 '삼강'이라 불리던 한양을 감싸고 지키는 세 갈래 물길이 있었다. 한양도성을 지나던 한강 구간은 '경강'이라 불렀다. '경강'이란 경복궁과 가까운 강이라는 뜻으로, 한양도성 남쪽 강줄기 가운데 궁궐과 가장 인접한 물목이었다. 그리고 용산 앞을 흐르던 '용산강', 마포 앞의 '서강', 이 세 물목을 묶어 '삼강'이라 불렀다.

옛 한강에는 잠실섬, 부리도, 저자도, 여의도, 밤섬, 선유봉, 난지도 같은 섬들이 있었다. 평소에는 백사장으로 육지와 이어졌다가 큰물이 지면 섬이 되곤 했다. 개발과 홍수로 지형이 달라져 지금은 석촌호수 같은 흔적만 남은 곳도 있다. 나루터와 모래사장, 크고 작은 섬이 이어진 한강은 단순한 물길이 아니라 삶과 교류의 길목이었다.

'경기'라는 이름은 천 년 전 고려시대에 생겼다. 수도 개경(開京) 주변 반경 오백 리 안의 고을을 경현(京縣)·기현(畿縣)이라 불렀고, 이를 합쳐 경기라 했다. '경(京)'은 수도, '기(畿)'는 수도를 둘러싼 땅을 뜻한다. 개성·장단·정주·덕수·강음·송림·임진·임강·적성·파평·마전 등이 그 범위였으며, 고려 말에는 한강을 기준으로 좌도와 우도로 나누어 남경(서울), 금주(시흥), 과주(과천), 당성(화성), 포주(포천)까지 확대되었다.

조선이 한양으로 천도한 뒤 경기의 경계도 새로 그려졌다. 한양도성 성저십리 밖이 경기가 되었고, 양주·광주·수원·여주·안성까지 포함되었다. 임진왜란과 병자호란을 거치며 개성·광주·수원·강화에 유수부가 설치되고, 관리영·수어청·총리영·진무영 같은 군영이 들어서 수도와 왕실, 왕릉을 지키는 전략 요충지가 되었다.

서울의 산과 성곽이 한강으로 시선을 열어주었다면, 한강은 다시 경기를 품어 서해로 나아갔다. 도성 안 물은 청계천과 중랑천이 되어 한강으로 흘렀고, 그 물길은 경강 수운과 나루터를 거쳐 김포·강화·교동도까지 이어졌다. 한양도성 안에서 보았던 인물과 사건이 한양도성 밖 물길에서 다시 등장하는 것을 발견할 수 있을 것이다. 행주산성의 권율, 남한산성의 병사들, 그리고 강화도 성벽의 이름 없는 백성들까지 그들의 발자취는 물길을 따라 경기도 전역에 흩어져 있다.

한양도성에서 시작된 길 위의 역사가 경기도 산과 강, 마을과 나루터에서 이어지고, 또 서해로 흘러간다. 북쪽에서는 분단의 철책이 강을 가르고, 남쪽에서는 옛 수운의 물길이 기억 속에만 남아 있다. 그러나 그 모든 곳에 여전히 사람이 살고, 이야기가 숨쉬며 현재와 맞닿아 있다.

전작인 『한양도성 따라 걷는 서울기행』은 한양도성 안의 사람과 마을, 성벽과 시간을 담아냈다. 그 여정은 결국 산줄기를 타고 내려와 한강물길로 이어지고, 경기도의 마을과 나루를 품은 채 임진강을 지나 서해에 이른다. 이번 『한강물길 따라 걷는 경기옛길』은 한양도성 밖에서 시작해 강과 마을, 그리고 바다로 이어지는 길을 따라간 기록이다.

이 책에서 다루는 길은 현재의 경기도 행정구역에만 국한되지 않는다. 지금은 서울에 속하지만 과거에는 경기의 일부였던 곳들이다. 서울의 양천, 금천, 송파, 강동, 노량진 등은 과거 경기의 땅이었고, 그만큼 역사 속 물길과 깊게 맞닿아 있는 곳들이다. '한강 물길 따라'라는 표현도 바로 여기에서 비롯되었다. 강 따라 형성된 마을과 삶의 흔적은 행정구역을 넘어 이어져 있고, 그 흐름을 좇는 것이 이 책의 가장 중요한 출발점이다.

이 책을 읽고 걷다 보면 물결 위로 사라진 이름, 지워진 마을, 잊힌 기억들이 떠오를 것이다. 그 모두는 여전히 강가 어딘가에 남아 있다. 이름을 부른다는 건 존재를 다시 이 땅에 새기는 일이다. 지금 우리가 걸으면 길은 여전히 살아 있음을 느낄 수 있을 것이다.

이 책은 학술서가 아니다. 현장에서 발로 걸으며 본 것을 누구나 읽을 수 있는 짧은 문장으로 풀어낸 대중 역사기행서다. 이미 정해진 노선의 '공식 경기옛길'이 아니라, 발로 걸으며 삶의 흔적과 이야기가 남아 있는 길을 찾아 잇는 여정이다.

이 책을 들고 눈앞에 펼쳐진 물길 따라 천천히 걸어 보자. 이름조차 낯설어진 고을들, 기억 저편으로 나루터와 장터, 오래전 발자국이 켜켜이 쌓인 마을들이 다시 눈앞에 살아날 것이다.

1
북한강과 남한강의 만남

양근
양주
남양주

북한강과 남한강이 마주하는 곳, 양근

이른 아침 남한강 위로 안개가 내려앉고 잔물결이 속삭인다. 강은 양근 들판을 굽이쳐 흐르며, 옛 선비와 상인들의 발걸음을 고요히 품고 있다.

양평의 옛 이름은 양근(楊根)과 지평(砥平)이다. '양근'은 한강가에 뿌리내린 버드나무를 뜻하며, 강과 함께 삶을 일군 마을의 뿌리를 담고 있다. '지평'은 넓고 평탄한 들판과 자연의 조화를 상징한다. 두 고을이 합쳐져 지금의 양평이 되었다.

남한강과 북한강이 두물머리에서 만난 뒤 팔당대교 아래로 흘러가면 한양으로 이어진다. 이 길은 곡물과 사람, 정보가 오가던 교통의

북한강과 남한강이 만나는 두물머리 ⓒ최대원

요지였다. 삼남 지방에서 올라온 쌀과 공물이 양근을 거쳐 한양으로 들어갔고, 강변 나루터에는 뗏목과 나룻배가 끊이지 않았다. 나루터 옆엔 장터가, 장터 뒤에는 여관과 창고가 줄지어 서서 산과 들에서 온 곡식, 장작, 나무가 강을 타고 이동했다.

양평전통시장의 뿌리도 이 강변 장터에서 시작되었다. 장날이면 뗏목꾼과 나무꾼, 어부가 모여 강에서 건져 올린 생선, 산에서 내려온 곡식과 장작을 거래했다. 시장은 물건뿐 아니라 소식이 오가는 광장이었고, 오늘날에도 골목에 들어서면 채소 냄새, 구이 연기, 상인들의 목소리 속에서 옛 활기가 되살아난다.

두물머리는 이름 그대로 두 강의 머리가 만나는 곳이다. 북쪽에서 내려온 북한강과 남쪽에서 흘러온 남한강이 이 자리에서 서로 품을 맞대고 한강이 되어 서해로 향한다. 양수리라는 지명도 '두 물'이라는 뜻을 담고 있다. 옛사람들은 강물이 합쳐지는 이 풍경을 마치 두 사람이 머리를 맞대고 속삭이는 모습처럼 보았고, 그 정다운 장면에서 '두물머리'라는 이름이 태어났다.

멀리서 보면 두 강은 서로 다른 길을 달려온 여행자 같다. 각자 다른 빛깔과 온도를 지닌 채 흐르다가 이곳에서 만나 섞인다. 봄이면 연둣빛으로 물든 버드나무가 강가를 감싸고, 바람이 불면 새순이 부드럽게 흔들린다. 여름이면 수초와 갈대가 짙은 초록을 이루어 강 위로 그늘을 드리우고, 잠자리와 물새가 그 사이를 스친다. 가을 아침에는 붉게 물든 단풍잎이 강물 위에 내려앉아 천천히 떠내려가고, 겨울 새벽이면 하얀 물안개가 강과 산을 두껍게 감싼다. 그 속에서는 물과 하늘, 땅의 경계가 사라지고 모든 것이 한 덩어리의 풍경으로 녹아든다.

  수로와 육로가 만나는 관문이었던 이곳은 강 건너려는 이들의 발걸음을 붙잡는 나루였다. 먼 강 상류에서 잘라온 나무는 뗏목이 되어 이곳을 거쳐 한양으로 들어갔고, 하류에서 올라온 세곡과 각종 물자는 내륙 깊숙이 전해졌다. 소금, 도자기, 생선, 종이 같은 물품들이 이곳에서 잠시 머물다 사람과 짐승, 수레를 타고 흩어졌다.

  해 뜨기 전, 어스름 속에서 강변에 서면 고요가 먼저 찾아온다. 그리고 곧 물안개가 강 위로 피어오르기 시작한다. 안개 너머로 보이는 검단산의 능선은 흐릿한 먹빛을 띠고, 그 아래에서는 두 강물이 서로의 물살을 느끼듯 천천히 섞인다. 왼쪽에서 내려오는 북한강은 맑고 푸른 빛을, 오른쪽에서 흘러오는 남한강은 부드러운 흙빛을 띠고 있다. 두 물빛이 어우러져 새로운 빛을 만들어내는 순간은 오래된 인연이 다시 만나는 장면처럼 느껴진다.

조선 초기부터 양근은 물길과 육로가 교차하는 지리적 이점 덕분에 사상과 문화가 흐르는 중요한 거점이었다. 강물처럼 끊임없이 오가는 사람들과 생각들이 이 마을을 지나갔다.

특히 17~18세기, 양근과 주변 지역은 조선 실학의 태동지 가운데 하나로 주목받았다. 다산 정약용과 여러 학자들이 한강 강변을 오가며 현실을 직시하고 새로운 길을 모색했다. 양근향교와 가까운 곳에서 펼쳐진 토론과 학문적 교류는 조선 후기 개혁 사상과 실학 운동의 싹을 틔웠다.

이 시기 강을 따라 이어진 지식의 흐름은 책 속의 학문에 머물지 않았다. 강변 장터의 상인과 농민, 뗏목꾼이 전한 현실의 목소리는 학자들의 사유에 생생한 숨결을 불어넣었다. 강물은 경제와 문화뿐 아니라, 다양한 계층이 만나 교류하는 통로였다.

또한 이 지역은 조선 후기 천주교 초기 신앙이 싹튼 자리로도 알려져 있다. 새로운 사상과 믿음이 물길을 타고 흘러들어와 전통과 충돌하면서도 새로운 시대를 예고했다. 양근은 물리적 공간이자 시대정신이 교차하는 중요한 접점이었다.

강변에 서서 바람을 맞다 보면 양근에서 시작된 이 도시의 뿌리가

물길과 산길이 나란히 달리는 팔당과 광주 ⓒ최대원.

강 속에 깊이 내려앉아 있음을 느낄 수 있다. 과거와 현재가 물결처럼 맞물리며 흘러가는 그 시간의 흐름이야말로 강이 이 도시에 남긴 가장 큰 선물이다.

 양근성지는 조선 후기 한강 수운과 만나는 길목에 자리해 있었다. 이 지리적 조건 덕분에 새로운 사상과 외래 종교가 전래되기 좋은 곳이었다. 18세기 말에서 19세기 초, 천주교가 비밀리에 전해지던 시기, 이곳은 신자들이 모여 교리를 배우고 성사를 받던 중심지였다. 동시에 박해의 무대이기도 했다. 병인박해를 비롯한 격렬한 탄압 속에서 많은 신자들이 잡혀 심문을 받았고, 일부는 이 땅에서 목숨을 바친 이들도 있었다.

　양근성지는 이처럼 조선 후기 종교의 자유와 양심의 문제, 전통 질서와 새로운 가치의 충돌을 압축적으로 보여주는 역사 현장이다. 오늘날 이곳은 단순한 종교 유적이 아니라, 사상과 문화가 교차하며 사회를 변화시킨 한 시대의 단면이다. 강을 통해 들어온 물자가 마을을 살렸듯, 물길 타고 들어온 사상과 믿음 또한 이 땅의 사람들을 흔들고 깨웠다. 양근성지는 그 흔들림의 중심이자 변화를 향한 첫걸음이 기록된 자리다.

양근천과 남한강이 만나는 오밋다리 근처, 양근성지 ⓒ최대원

삼각산과 한강이 지켜온 고을, 양주

양주의 북쪽 들머리에서 바라보면 삼각산의 능선이 성벽처럼 버티고 서 있다. 골짜기에서 흘러내린 물줄기는 중랑천이 되어 의정부와 노원을 지나 한강으로 이어진다. 예부터 이 길은 한양의 북쪽을 열고 닫는 관문이었고, 산과 강이 함께 지켜온 터전이었다.

양주(楊州)는 삼각산에서 한강까지 병풍처럼 펼쳐진 너른 땅이었다. 한양도성을 둘러싼 국토의 요충지로 군사적·지리적 가치가 높았다. 삼국시대에는 백제의 땅으로 시작했으나 고구려 장수왕의 아차산 전투 이후 고구려에 귀속되었다. 나·제 동맹으로 남한산성과 북한산성이 백제 영토가 되었지만 신라가 동맹을 파기하면서 다시 신

양주 진산 불곡산 기슭 유양동에 있었던 양주목 관아

라의 땅이 되었다. 역사는 늘 주인을 바꾸었고, 그만큼 이 땅은 전략적 요충지였다.

고려시대 양주는 개성에 버금가는 남경(南京)으로 성장한 큰 도시였다. 고려 말에 한양부로 바뀌었다가, 조선시대 들어 양주부, 양주목으로 승격되었고, 유양동이 새로운 행정 중심지가 되었다. 조선시대 양주는 한양을 감싸는 가장 큰 고을이자 북쪽을 지키는 첫 관문이었다. 동쪽으로는 남양주와 구리, 서쪽으로는 고양, 북쪽으로는 연천과 포천, 남쪽으로는 한강이 닿았다.

삼각산과 도봉산·수락산·불암산이 병풍처럼 둘러 천연 요새였던 양주는 한양으로 향하는 주요 교통로를 모두 품고 있었다. 경흥로는 의주로와 연결되어 서북 방면을 지켰고, 동북으로는 경원로가 함경도까지 이어졌다. 조선은 이 길목마다 진관진, 덕천진 같은 방어 거점을 두어 외적의 남하를 차단했다. 임진왜란과 병자호란 때에도 양주의 고개와 길은 한양 방어의 최전선이었다.

'버드나무 고을'이라는 뜻의 양주(楊州) 지명은 하천변 버드나무 숲에서 비롯되었다. 북방에서 불어오는 거친 바람을 막아주던 이 숲은 오래도록 사람들의 기억 속에 남았다. 조선시대 양주는 지금의 의정부·동두천·양평 일부까지 포괄하는 광대한 행정권을 가졌고, 농업과 상업이 발달했다. 한강과 중랑천 따라 비옥한 들판이 펼쳐져 한양에 곡물·장작·목재를 공급하였다. 또한 역참과 시장은 사람과 물자가 오가는 중심지가 되었다.

그러나 평화로운 시기에도 이곳은 방심할 수 없는 땅이었다. 북방의 기마민족과 청나라, 러시아 세력이 한반도를 넘볼 때마다 양주는 가장 먼저 그 바람을 맞았다. 성곽 보수와 병력 배치는 끊이지 않았고, 산성과 방어 시설들은 한양을 지키는 완충지대 역할을 했다. 그 중심에 삼각산이 있었다.

삼각산 자락에 발을 들이면 가장 먼저 눈에 들어오는 것은 하늘로 솟은 세 개의 봉우리 백운대, 인수봉, 만경대다. 쇠뿔처럼 우뚝 선 이 봉우리들은 옛날부터 사람들에게 '삼각산'이라 불리며, 도성과 북방을 지켜내는 상징이 되었다.

백운대 정상에 오르면 사방이 시원하게 펼쳐진다. 동쪽으로 도봉산과 수락산이 이어지고, 서쪽으로 고양 평야와 한강이 보인다. 인수봉은 바위가 하늘을 찌르는 듯 날카롭고, 만경대는 계절과 절기에 따라 변화하는 경관을 품었다. 이 산세는 한양도성을 지키는 이상적인 요새였다.

북한성도_동국여도_서울대 규장각

조선은 이 지세를 활용해 한양 북쪽 방어 체계도 완성했다. 삼각산 능선 따라 성곽을 쌓고, 그 성곽을 '북한산성'이라 불렀다. 병자호란의 치욕을 겪은 후 숙종 대에 완성된 북한산성은 한강 남쪽 남한산성과 함께 도성을 감싸는 이중 방어망이었다. 성 안에는 행궁이 세워져 전시에 임금이 머물 수 있었고, 우물·군영·창고가 갖추어져 장기 방어도 가능했다.

북한산성의 4대문은 사방으로 열려 있었다. 북문은 의정부와 양주로, 남문은 한양으로, 동문은 구리·남양주로, 서문은 고양으로 이어졌다. 평상시에는 교역과 행정의 통로였지만 전시에는 적을 막는 최후의 저항선이 되었다.

삼각산 주변에는 군사뿐 아니라 종교와 문화의 거점도 있었다. 삼각산 능선 아래 금선사, 승가사, 진관사, 삼천사 같은 오랜 사찰들이 자리잡아 산을 오르는 이들의 쉼터가 되었고, 왕과 장수들은 이곳에서 전략을 구상하거나 하늘에 제를 올렸다. 금선사에서 내려다보면 백악산과 인왕산, 목멱산까지 한눈에 들어온다. 이 조망은 단순한 경치가 아니라 한양과 주변의 지세를 꿰뚫는 전략적 시선이었다.

또한 삼각산은 물길과 맞닿아 있었다. 송추계곡과 일영계곡에서 흘러내린 맑은 물은 중랑천을 거쳐 한강으로 합류했다. 이 물길은

중종의 첫 번째 왕비 단경왕후 신씨가 홀로 잠든 양주 온릉

군량과 병력을 나르는 수송로가 되었고, 평시에는 민생을 지탱하는 생명줄이었다. 산과 강이 하나의 거대한 방어 체계로 작동했던 것이다.

그러나 이 북방의 방패였던 양주는 전쟁과 전략뿐 아니라, 사랑과 권력의 비극을 품은 땅이기도 하다. 그 이야기는 지금도 장흥의 고즈넉한 산자락 속에 잠들어 있다.

양주 장흥의 산자락 깊숙이 홍살문 너머로 봉분 하나가 조용히 자리하고 있다. 이름은 온릉(溫陵)이다. 조선 11대 중종의 첫사랑이자 첫 번째 왕비, 단경왕후 신씨가 잠든 자리다. 그러나 그녀는 단 7일 만에 왕비 자리에서 쫓겨난 비운의 주인공이었다.

신씨는 13세에 성종의 둘째 아들 진성대군과 혼인했다. 폭군 연산군 시대, 부부는 궁 밖 인왕산 자락에서 7년을 조용히 살았다. 그러나 1506년 9월, 반정군이 궁궐로 들이닥쳤고, 진성대군은 하루아침에 중종으로 즉위했다. 기쁨은 잠시, 반정공신들의 의심과 압박은 거셌다. 신씨의 아버지 신수근이 연산군과 혼인한 여동생을 두었고, 또 연산군의 왕세자를 지지했다는 이유로 하루아침에 죽임을 당했기 때문이다. 그 불신은 곧 왕비에게로 향했다.

그녀는 결혼 7년 만에 왕비가 되었지만 불과 7일 만에 폐비가 되어 인왕산 기슭 본가로 돌아와야 했다. 그 후 51년을 홀로 살았다. 전해지는 이야기로 신씨는 매일 새벽 인왕산 치마바위에 올라 경복궁 근정전을 향해 붉은 치마를 흔들며 인사했다. 그러나 힘없는 임금은 궁담길 너머 바라볼 뿐 끝내 아내를 지키지 못했다. 조강지처를 버려야 살아남을 수 있었던 시대였다.

폐비 신씨는 세월이 흘러 친정이 있던 양주 장흥으로 돌아왔다. 이곳은 이름처럼 '오래 흥하라'는 뜻을 가진 고장이었고, 한양과 가까운 길목이자 왕들이 사냥을 즐기던 곳이었다. 그녀는 71세에 생을 마감했고, 남편 중종이 잠든 정릉이 아니라 아버지 묘가 있는 선산에 묻혔다.

182년 후 1739년(영조 15), 시호 단경왕후로 받고 종묘에 신주가 모셔졌지만 능은 병풍석과 난간석 없이 단출하다. 봉분 옆에 석호와 석양이 마치 오랜 친구처럼 그녀를 지킨다. 능호 '온(溫)'처럼 아침 햇살은 봉분 위에 고요히 내려앉아 따뜻함을 전한다.

온릉은 조선 42기 왕릉 중 양주에 있는 유일한 왕릉이다. 한때 한국전쟁 격전지로 군사보호구역 안에 있었으나 2019년 11월에 개방됐다. 지금은 누구나 무료로 찾아갈 수 있고, 아침 해가 솟을 무렵

능을 찾으면 '첫사랑이 이루어진다'는 전설이 전해진다.

  옛 양주는 온릉 외에도 왕조의 중요한 능들을 품고 있다. 건원릉, 광릉, 현릉이 그들이다. 광릉에는 세조와 정희왕후가 나란히 잠들어 있으며, 능 주변의 울창한 숲은 지금도 조선 왕실의 위엄을 전한다. 현릉은 문종과 현덕왕후의 능으로, 단종의 부모가 함께 묻혀 있다.
  양주의 왕릉 이야기에서 빼놓을 수 없는 곳이 조선 최초의 왕릉, 건원릉이다. 건원릉의 주인 태조 이성계는 한양도성 경계를 두고 무학대사와 정도전 사이에서 운명을 가르는 결정을 내려야 했다. 인왕산 선바위를 한양도성 안에 두자는 무학대사와 한양도성 밖에 두자는 정도전. 눈발 날리던 그날, 태조는 눈이 먼저 녹는 곳을 경계로 삼았다. 그렇게 선바위는 한양도성 밖에 놓이고, 무학대사는 점점 멀어졌다.
  정도전이 설계한 경복궁에서 태조는 신덕왕후를 가장 가까이 두고 싶어 정릉을 한양도성 안에 조성했지만 태종 이방원은 이를 눈엣가시로 여겼다. 왕자의 난으로 방번과 세자 방석이 죽고, 태조는 상왕에서 태상왕으로 물러난 채 함흥으로 내려갔다. 아버지의 유언은 끝내 지켜지지 않았다.

태종은 도성 안이 아닌 양주 검암산 기슭에 건원릉을 조성했다. 6,000명을 동원해 100일 만에 완성한 능은 고려 공민왕 현릉의 양식을 따르고, 병풍석에는 십이지신상을 새겼다. 봉분 위에는 고향 함흥의 억새와 흙을 덮어 그리움의 흔적을 남겼다. 동구릉 가운데 가장 크지만 정자각에서는 봉분이 보이지 않는다. 바람에 나부끼는 억새만이 고요히 태조를 지킨다.

오늘날 건원릉은 유네스코 세계유산으로 지정된 동구릉의 상징이자 조선 왕릉 문화의 출발점으로 남아 있다. 능역에 들어서면 봉분을 가리지 않고 툭 트인 하늘과 숲이 펼쳐져 있다. 태조가 남긴 새로운 나라의 기운과 역사의 무게를 함께 느낄 수 있다. 억새밭에 깃든 바람은 여전히 태조의 숨결처럼 불어와 왕조의 시작과 그 뒤에 이어진 긴 이야기를 조용히 들려준다.

왕릉이 조선의 육신을 품은 자리라면 회암사는 그 정신을 지탱한 공간이었다. 고려 말부터 조선 전기까지 회암사는 한반도에서 손꼽히는 대가람이었다. 태조는 무학대사와 함께 이곳에 머물며 국정을 논했고, 불교에 귀의한 효령대군과 정희왕후, 문정왕후 또한 깊은 인연을 맺었다. 회암사는 왕실의 정신적 버팀목이자 권력의 이면을

억새가 뒤덮은 봉분, 태조 이성계의 건원릉

지탱한 공간이었다.

회암사의 규모는 웅장했다. 산자락을 따라 262칸에 이르는 전각과 누각이 층층이 들어섰고, 대웅전과 금당, 강원과 요사채가 질서정연하게 배치되었다. 나라의 중대사가 있을 때마다 왕과 대신들이 이곳에서 기도를 올렸으며, 고승들의 발걸음이 끊이지 않았다. 태조가 머물던 시기, 회암사는 조선 개국의 이상과 불교적 세계관이 함께 숨쉬던 현장이었다.

태조에게 회암사는 정치적 격변 속에서 숨을 고를 수 있는 안식처이자 무학대사와 함께 국정의 큰 그림을 그린 전략회의장이었다. 함흥으로 내려가기 전 태조는 이곳에서 나라의 앞날을 걱정하며 불전에 향을 올렸다. 무학대사는 부드러운 설법으로 왕의 번민을 풀어주었다. 회암사의 종소리는 왕의 결심과 함께 나라의 방향을 울려 퍼뜨리는 메아리와 같았다.

그러나 조선이 성리학을 국시로 삼으면서 회암사의 운명도 서서히 기울었다. 사찰은 폐사령과 전란을 거치며 황폐해졌고, 지금은 옛 터만 남아 회암사지로 불린다. 하지만 회암사 박물관과 발굴된 유물, 그리고 전설처럼 전해지는 이야기는 여전히 그 시절의 울림을 전한다.

삼각산 북쪽 자락, 장흥 골짜기에서 불어오는 바람은 오래된 흙냄새를 품고 유양동으로 스며든다. 이곳은 한양의 북쪽을 지키던 양주의 심장부이자 600년 전 양주목 관아와 함께 향교가 세워진 자리다.

  1395년(태조 4), 조선 왕조가 막 자리를 잡던 해에 설립된 양주향교는 한양 다음으로 큰 고을이었던 양주의 위상과 함께 태어났다. 북으로는 연천과 포천, 남으로는 한강과 도봉·노원, 동으로는 남양주와 구리, 서쪽으로는 고양에 맞닿은 이 땅은 북방 방어와 행정·문화의 요충지였다. 양주목관아와 향교가 나란히 들어선 것은 군사와 행정, 그리고 학문과 예절이 한 자리에 뿌리내렸음을 뜻한다.

  양주향교의 입지는 매우 전략적이었다. 불곡산 기슭에 자리한 향교는 왕릉과 사찰, 방어 시설이 고르게 분포한 길목에 놓여 있었다. 북쪽으로는 장흥의 온릉과 동구릉, 동쪽으로는 광릉과 태릉, 남쪽으로는 건원릉과 사릉이 이어졌으며, 왕이 능행을 나섰다 돌아오는 길에 이곳을 지나쳤다. 국왕의 행차가 있을 때면 향교 유생들은 마당에 도열해 예를 올렸고, 이는 곧 향교가 지역 사회에서 지닌 권위와 위상을 보여주는 장면이었다.

  향교의 주요 기능은 교육과 제향이었다. 명륜당과 동·서재에서는 지방 사족과 인근의 인재들이 모여 사서삼경과 유교 경전을 배우고, 문장과 예법을 익혔다. 매년 봄·가을에는 석전대제가 열려 공자를 비롯한 성현들에게 제향을 올렸으며, 절차와 의식은 한 치의 흐트러짐 없이 이어졌다. 제향은 지역 공동체의 질서와 유교적 가치관을 재확인하는 사회적 행사였다. 향교는 이렇게 학문과 예절, 공동체 의식을 동시에 전수하는 중심지였다.

세월 속에서 향교는 여러 차례 시련을 겪었다. 전란과 화재로 원형이 훼손되었고, 시대 변화 속에서 교육 기능이 약화되었다. 그러나 마당 한켠에 서 있는 수백 년의 은행나무와 느티나무는 옛 규모와 위상을 말없이 증언해 왔다. 현재 양주향교 건물은 고증에 근거한 복원은 아니지만 구조와 배치에서 전통 향교의 형태를 따르고 있다. 명륜당, 동·서재, 대성전이 남북으로 배치된 전형적인 향교의 모습을 갖추었으며, 주변 경관과 어우러져 옛 학문의 터전을 짐작하게 한다.

오늘날 양주향교는 지역 문화유산으로 보존되며, 전통과 현대를 잇는 역할을 이어가고 있다. 매년 석전대제를 열어 조선시대부터 이어져 온 제향 전통을 계승하고 있다. 또한 청소년 인성 교육·전통 예절 체험·서예 강습 같은 프로그램을 통해 옛 향교의 교육 기능을 현대적으로 재해석하고 있다. 의정부·양주·노원·도봉을 아우르는 생활권 속에서 향교는 더 이상 과거의 문화유산이 아니라, 공동체가 함께 숨쉬는 문화공간이자 인성 교육의 장으로 살아 있다.

삼각산에서 불어온 바람이 유양동 마당을 스칠 때, 600년 전 유생들의 발걸음과 스승들의 음성이 지금도 고요히 들려오는 듯하다.

양주 진산 불곡산 기슭 유양동에 있는 양주향교

두 물이 빚은 역사, 남양주

두물머리에서 바라보면, 남한강과 북한강이 맞닿아 거대한 물결을 이루고, 그 물길이 곧 남양주의 이야기를 품어낸다. 남양주의 뿌리는 조선 초기로 거슬러 올라간다. 본래 이 땅은 '양주목'과 '광주목'의 일부였다. 한강과 지천이 만나는 비옥한 땅, 그리고 산줄기 사이에 형성된 평야 덕분에 일찍부터 사람들의 발길이 모였다.

600년 전 태종 때, 북쪽의 양주와 남쪽의 광주에서 일부 고을을 떼어내어 남쪽의 양주라는 뜻으로 '남양주(南楊州)'가 되었다. 조선 전기에는 한양을 지키는 동북 관문이자 곡물과 물산이 드나드는 수운의 길목으로 중요한 역할을 했다.

남양주는 물길뿐 아니라 산이 곧 성벽이 되는 고장이었다. 동쪽으로는 예봉산과 운길산이, 북쪽으로는 천마산과 축령산이 솟아 도성으로 향하는 길을 감싸고 있었다. 임진왜란과 병자호란 때 이 산줄기와 강변 요새는 병참기지 역할을 했고, 강 건너로 전선과 군량이 오갔다. 특히 팔당나루, 도곡나루 같은 곳은 남한강과 북한강을 잇는 수운의 결절점이었다.

지금의 남양주는 도시와 전원의 경계가 자연스레 어우러진 곳이다. 다산 정약용 유적지에 서서 강을 내려다보면 세상을 읽었던 선비의 눈길이 느껴진다.

정약용 선생 생가와 묘가 있는 남양주 여유당 ⓒ최대원

남양주시 조안면 두물머리에서 강변 산책로를 따라 조금 걸으면 조안면 마을길 끝에 여유당이 자리하고 있다. 여유당은 정약용이 유배에서 돌아와 말년을 보낸 집이다.

'여유당(與猶堂)'이라는 이름은 『도덕경』의 구절에서 따왔다. "여함이여, 겨울 냇물을 건너듯 하고, 유함이여, 사방을 두려워하라"는 뜻으로, 매사에 신중하고 삼가라는 의미가 담겨 있다.

정약용의 만년을 대표하는 시로는 부인 홍혜환에게 바친 '회근시(回졸詩)'가 있다.

"60년 풍상 세월 눈 깜짝할 사이 흘러
복사꽃 활짝 핀 봄 혼인하던 그해 같네
살아 이별 죽어 이별 늙음을 재촉하니
슬픔 짧고 즐거움 길어지니 그 은혜에 감사하네"

15세에 혼인해 60년 해로한 부부의 인연을 간결하고 담담하게 담았다. 회갑연에서 그는 장지와 묘지명을 직접 썼고, 회혼식 날 여유당 위 동산에서 조용히 눈을 감았다.

정약용은 한강 유역 광주부 초부면 마현에서 태어났다. 어린 시절, 아버지는 그에게 고향에 머물기를 바라는 뜻으로 '귀농(歸農)'이란 호를 지어주었다. 그러나 어머니의 죽음으로 큰형수 곁에서 유년을 보내고, 한양도성 목멱산 자락 회현동으로 옮겨와 과거에 도전했다. 초시와 회시, 대과를 거쳐 과거에 급제한 그는 젊은 시절 정조의 개혁을 도왔다. 노들섬 배다리 주교 설계와 건설을 맡고, 수원화성 축성 설계에 참여해 성곽과 도시를 함께 설계했다.

하지만 정조의 죽음과 함께 정치적 후원은 사라졌다. 40세에 그는 폐족이 되었고, 고향 두물머리의 여유당을 지키지 못한 채 유배길에 올랐다. 한강 건너 검단산과 남한산 넘어 강진에 이르는 먼 길이었다.

강진에 도착한 그는 바닷가 다산초당에 거처를 마련했다. 마을 사람들의 도움 속에 생계를 꾸렸고, 제자들과 함께 공부를 이어갔다. 하루 대부분을 책상 앞에서 보내며, 경세학·정치학·법제·농업 등 실용적인 주제를 다루는 저술에 몰두했다. 『경세유표』, 『목민심서』, 『흠흠신서』 같은 대표작이 이 시기에 완성됐다.

강진 유배 18년 동안 그는 '다산(茶山)'이라는 이름으로 글을 쓰고 후학을 가르쳤다. 그 시간 속에서 499권의 책을 남겼다. 과골삼천

(踝骨三穿)이라 불릴 만큼 혹독한 좌골 신경통에 시달렸지만 붓을 놓지 않았다.

18년의 유배가 끝나고 58세가 된 정약용은 다시 한강을 거슬러 북쪽으로 향했다. 귀향길은 유배길과 달랐다. 이제 그는 권력과 거리를 둔 학자였고, 강과 산이 주는 고요함을 더 귀하게 여겼다. 다시 여유당에 들어선 그는 강변의 사계절을 가까이에서 바라보며 또 다른 18년을 보냈다.

강 따라 이어진 길은 그가 살아온 궤적을 고스란히 담고 있다. 오늘날 두물머리와 한강물길 따라 걷다 보면 그 강과 길 위에 남아 있는 그의 발자취를 어렵지 않게 느낄 수 있다.

다산 정약용이 세상을 떠난 지 오래지만 그의 사상과 저작은 여전히 현재를 사는 우리에게 유효하다. 유네스코는 그를 연구할 가치가 있는 인물로 선정했고, '다산학'이라는 학문 분야가 만들어져 그의 사상을 재조명하고 있다. 여유당을 찾는 사람들은 역사 속 인물을 넘어 그가 남긴 기록 속 삶의 방향을 찾는다. 겨울이 깊어가던 어느 해 동짓날, 다산이 이 강가에서 보았을 풍경을 떠올리면 그 긴 세월이 오늘과 그리 멀지 않음을 알게 된다.

남양주와 광주 경계, 여유당 지나 산기슭에 자리한 마재성지는 한국 천주교사의 중요한 출발점이다. 이곳은 정약용의 셋째 형 정약종이 살던 곳이자 한 가족이 신앙을 위해 목숨까지 바친 현장이다.

　정약종은 형제 중에서도 성품이 곧고 결심이 단단한 인물이었다. 성리학을 익히던 그는 서학과 천주교 교리에 관심을 가졌고, 평생의 신념으로 받아들였다. 마재의 집은 학문과 신앙을 나누는 모임터였다. 권일신·권철신 형제, 이벽, 이승훈 등 당대의 젊은 지식인들이 이곳에 모여 책을 읽고 토론했다. 한강 건너 양근과 마재 사이에 사람들이 오가며 새로운 사상과 소식을 나눴다.

　1801년 신유박해가 일어나자 정약종과 큰아들 정철상은 한양 서소문 밖으로 끌려가 참수되어 순교했다. 그로부터 38년 후 1839년 기해박해 때, 그의 작은아들 정하상과 그의 부인 유선임, 딸 정정혜가 차례로 서소문 밖 칠패시장에서 순교했다. 한 가정이 세대에 걸쳐 모두 신앙을 지키다 목숨까지 잃은 것이다.

　정하상은 어릴 적 아버지를 잃었지만 역관의 몸종 신분으로 심양과 북경을 오가며 바티칸 교황청에 편지를 전했다. 그 편지는 조선 교구 설립의 계기가 되었고, 훗날 우리나라 최초의 사제 김대건 신부와 두 번째 사제 최양업 신부가 배출되는 기반이 되었다. 1925년 그는 복자품에 올랐고, 1984년 교황 요한 바오로 2세 방한 시 성인품에 올랐다.

마재성지 경내는 고요하다. 기와지붕 얹은 한옥성당이 앞마당을 마주하고 있고, 담벼락 안에는 성가정의 초상과 순교 기록이 전시되어 있다. 방문객은 이곳에서 200여 년 전 시간 속으로 들어간 듯한 감각을 느낀다. 돌담길과 좁은 골목길 따라 걸으면, 순교자들이 지녔을 결심과 두려움, 그리고 담담한 평안이 함께 전해진다.

마재성지는 복자 두 분과 성인 세 분이 함께 잠든 한국 유일의 성지다. 모두 한 가족이며 모두 순교자다. 이곳은 남양주의 자랑일 뿐 아니라, 세계 가톨릭 순례지에서도 의미 있는 장소로 자리잡고 있다. 봄이면 매화가 피고, 여름이면 강바람이 불어와 경내를 시원하게 만든다. 가을과 겨울에도 발길이 끊이지 않는 이유는 이곳이 단지 신앙의 성지가 아니라 인간의 신념과 사랑, 그리고 희생의 이야기가 온전히 담긴 자리이기 때문이다.

양근과 마재를 오가던 젊은 학자들의 발걸음은 어느 날 강을 거슬러 광주 깊은 산속 천진암으로 향했다. 남한강을 건너고, 부드러운 언덕과 산길을 넘어야 닿는 그곳은 당시로서는 멀고도 험한 길이었

정약종 가족이 순교한 마재성지 한옥성당 ⓒ최대원

다. 하지만 그 길 끝에 세상을 바꾸고자 하는 열망이 있었다.

250여 년 전 정약용의 아버지 정재원과 남인계 학자 권철신·권일신 형제는 한강변 광주와 양근에 머물며 세상과 거리를 두고 학문에 매진했다. 그 곁에는 성호 이익의 문하에서 배운 이들이 모여들었다. 젊었지만 세상을 분석하고, 더 나은 질서를 설계하기 위해 성리학을 넘어 서양학과 천주학 서적을 함께 읽었다.

그 중심에 광암 이벽이 있었다. 한양도성 안 수표교 근처에 살던 그는 당대 최고의 젊은 지식인들을 만나러 한강 거슬러 양근에 이르렀고, 강 건너 천진암까지 발걸음을 옮겼다. 정약용은 회고록에 이렇게 적었다.

1779년 천진암에서 강학할 때, 이벽이 밤중에 와 촛불을 밝히고 경서를 읽고 담론하였다. … 1797년 단옷날 두 형님과 천진암에 오니, 이벽 독서처가 아직도 있구나.

그 시절 정약용은 열일곱, 형 정약종은 열아홉, 둘째 형 정약전은 스물한 살, 매형 이승훈은 스물두 살이었다. 모두가 젊은 나이에 깊은 공부에 매달렸던 것이다.

천진암은 본래 종이를 만들던 조지서 역할을 하던 절이었으나 폐사된 뒤 사람의 발길이 끊겼다. 그 고요한 공간이 오히려 학문을 닦기에 더없이 좋았다. 이곳에서 이벽은 서양 학문과 천주교를 접하고 깊은 감명을 받았다. 그는 이승훈을 통해 세례 받았고, 조선 천주교회의 시작을 알리는 주역이 되었다.

  천진암 골짜기 따라 올라가면 지금도 250여 년 전 독서당 터가 남아 있다. 약수터에서 물을 길어와 마셨던 자리, 양지바른 마당에서 책을 펼치던 자리, 그리고 그 아래 조용히 잠든 다섯 분의 묘역이 있다. 정약종, 이승훈, 이벽, 권일신, 권철신. 봄이면 풀잎이 돋고 꽃이 피는 그곳은 마치 그들의 이야기가 여전히 이어지고 있는 듯 고요하다.

천보산 정상에서 바라본 양주 시내 전경

2

철옹성이 감싼 한강 남쪽

광주
성남
하남

남한산성과 행궁의 도시, 광주

한강 남쪽 물길을 따라 내려가면 산줄기와 강 사이에 광활히 펼쳐진 옛 광주가 모습을 드러낸다. 지금의 광주뿐 아니라 성남, 하남, 송파 일대까지 아우르던 600년 전 광주목(廣州牧)이다. 이 땅은 한양을 향한 물길의 길목이자 수도의 남쪽을 든든히 지켜내던 방패였다.

광주의 중심에 남한산성이 있다. 한강 남쪽, 산세가 험하고 물이 풍부한 이곳은 예부터 군사적 요충지였다. 고려시대에도 몽골 침입을 막아내는 최후의 항전지였고, 조선에 들어와서는 광주부로 승격되어 유수부가 설치되었다. 유수부란 중앙정부 직할지에 해당하는 행정·군사 거점으로, 북쪽의 개성, 서쪽의 강화, 남쪽의 수원과 더불

남한산성 행궁 한남루

어 동쪽의 광주가 한양을 사방에서 지키는 네 개의 성채를 이루었다.

남한산성의 역사는 백제 시기의 주장성(晝長城)까지 거슬러 올라간다. 산 정상에 해가 가장 길다 하여 일장산, 주장산이라 불렸던 이 산에 성을 쌓은 것이 철옹성의 시작이었다. 풍부한 물과 험한 지세는 방어에 최적화된 조건이었다.

광주의 범위는 한강에서 남한산성 지나 곤지암까지 이어졌다. 북쪽으로는 압구정과 봉은사, 송파나루, 삼전도, 광나루, 풍납토성과 몽촌토성, 그리고 팔당대교에 이르는 한강 남안이 모두 광주의 땅이었다.

이처럼 광주는 지리적으로 한양과 한강, 그리고 남쪽 지방을 잇는 관문이었다. 한강의 물길과 육로가 만나는 교차점에서 군사와 물자가 집결했다. 전쟁이 나면 이곳을 거쳐 남한산성으로 모든 것이 올라갔다. 평상시에 넓은 들판에서 농사가 이루어지고, 장터가 열려 성 안팎의 생활을 잇는 경제의 허브가 되었다.

임진왜란의 충격은 조선 사회를 송두리째 흔들었다. 왜군이 불과 보름 만에 도성을 함락시킨 기억은 왕과 백성 모두에게 깊은 상처로 남았다. 그 아픔 위에서 나온 결론이 바로 "도성 하나만으로는 나라를 지킬 수 없다"는 것이었다. 광해군 때부터 논의되던 제2의 도성 건설이 인조 초반에 본격화된 것도 이 때문이다. 남한산성은 한양을 중심으로 북한산성·수원화성·강화도성과 함께 사방을 둘러싼 새로운 방어망의 핵심축이었다.

성곽은 주봉인 청량산 중심으로 연주봉, 망월봉, 벌봉을 잇고, 산과 산 사이를 빽빽하게 연결했다. 총 길이는 11.76km, 모두 돌로 쌓아 국내 최대 규모를 자랑했다. 남한산성 동문 좌익문, 서문 우익문, 남문 지화문, 북문 전승문. 이 네 개의 성문에는 하나하나 군사적 의지와 의미가 담겼다.

남한산성 안에 상궐과 하궐로 나뉜 행궁이 들어섰다. 종묘와 사직단을 옮겨와 제례를 지낼 수 있었고, 종각도 설치되었다. 한양도성을 축소해 옮겨 놓은 듯한 이 작은 도성은 비상시 조정이 그대로 기능할 수 있도록 설계됐다. 우물 80여 개, 샘 45곳이 있었고, 밭과 논이 조성되어 장기전에도 자급자족이 가능했다.

축성에는 전국 각지에서 인력과 자원이 모였다. 특히 8도에서 모인 승군, 항마군이라 불린 이들은 성벽을 쌓고, 무기를 운반하며 수비를 맡았다. 성 안팎에 그들의 거처와 기도처로 망월사, 옥정사, 국청사, 개원사, 천주사, 한흥사, 장경사 등 사찰이 자리했다. 산성 축성에 동원된 승려들이 군기와 화약을 비축하고 수비 임무까지 맡았던 흔적이 지금도 남아 있다.

수어장대에 서면 저 멀리 한강과 삼각산이 한 뼘 크기로 잡힌다. 북쪽에 북한산성, 서쪽에 강화도성, 남쪽에 수원화성, 그리고 남한산성이 동쪽 방어선의 중심을 이뤘다. 산과 강, 그리고 성이 삼박자를 이루며 한양도성 사방에서 지켰다.

남한산성이 완성되자 조선은 한양을 지키는 새로운 방패를 손에 넣었다. 성곽은 단순히 돌과 흙을 쌓은 구조물이 아니라, '나라가 끝까지 버틸 수 있는 최후의 보루'라는 상징이었다. 왕실은 정기적으로 성 안에 머물며 제례와 군사 훈련을 점검했고, 관리들은 성문과 군기를 점검하며 혹시 모를 침입에 대비했다. 성 안팎은 늘 분주했으나 백성들에게는 한양의 안전을 보장하는 든든한 울타리였다.

남한산성은 한강 물길과 산줄기를 동시에 조망할 수 있는 천혜의 지형 덕분에 '산성 중 산성'이라 불렸다. 사방을 둘러싼 봉우리 위로 봉수대가 설치되어 전국의 소식을 신속히 전달했고, 성 안에는 군량미 창고가 들어섰다. 왕이 머무는 행궁뿐 아니라 종묘와 사직단을 옮겨 놓음으로써 위기 시에는 한양의 정치·군사·제례 기능을 그대로 이어갈 수 있었다. 산성과 그 속의 작은 도성은 전란의 시대를 대비한 조선의 가장 철저한 준비였다. 그러나 그 준비는 곧 다가올 거대한 전란 앞에서 시험대에 오르게 된다.

1636년 겨울, 남한산성의 성벽과 성문은 눈으로 덮였다. 바람은 얼음칼처럼 매서웠고, 동짓달 긴 밤은 사람들의 체온마저 빼앗아 갔다. 그해 12월, 청나라 10만 대군이 압록강 넘어 조선을 향해 밀려왔다. 한양은 위태로웠고, 인조는 왕과 조정을 이끌고 광희문 나서 살곶이다리를 건넜다. 광나루와 송파나루 지나 남한산성으로 향하는 길은 모두 광주의 땅이었다.

성문이 닫히는 순간, 남한산성은 바깥 세상과 단절된 섬이 되었다. 왕과 대신, 군사와 백성, 장인과 상인, 노인과 아이까지 수천 명이 성 안에 갇혔다. 한겨울 산중의 고립은 혹독했다. 밥 지을 쌀은 빠르게 줄었고, 짚단과 장작은 귀해졌다. 성 안의 우물과 샘이 있어도, 추위와 굶주림은 사람들의 몸과 마음을 동시에 잠식했다.

성벽 위에서는 하루가 멀다 하고 화살과 총포가 오갔다. 병사들은 동장군의 기세를 견디며 활시위를 당겼고, 백성들은 나뭇잎과 나무껍질로 연명했다. 밤이 되면 성벽 너머로 횃불이 반짝였고, 그 불빛

남한산성 내 최대 규모의 장대, 수어장대

은 점점 더 성 안으로 조여들었다.

성 안에서는 두 목소리가 맞섰다. 끝까지 싸워야 한다는 김상헌, 살 길을 찾아야 한다는 최명길. 주전과 주화, 결의와 타협이 날카롭게 부딪쳤다. 서로의 목소리가 높아질수록 성 안의 공기는 무겁게 가라앉았다.

시간은 청군의 편이었다. 포위망은 더 좁혀졌고, 희망은 점점 옅어졌다. 성문 앞에 포로로 잡힌 백성들이 발이 묶였고, 병사들의 눈빛에는 피로가 깊게 깔렸다. 혹독한 바람 속에서도 누군가는 성벽을 지켰지만, 더는 버틸 힘이 남아 있지 않았다.

1637년 1월, 마침내 인조는 결단을 내렸다. 곤룡포를 벗고, 머리를 풀어헤친 채 서문 쪽으로 향했다. 그리고 성을 내려와 삼전도에 이르렀다. 거기서 청 태종 앞에 무릎을 꿇고, 양손을 땅에 대고 이마를 조아리는 삼배구고두례(三拜九叩頭禮)를 행했다. 세 번 절하고 아홉 번 머리를 조아린 그 예는 조선 왕조의 깊은 굴욕을 역사 속에 새겼다.

삼전도 땅은 오늘날 서울 송파구 석촌호수 서호 옆에 있다. 그 자리에 청 태종을 기리는 삼전도비가 세워졌다. 앞면에는 만주어와 몽골어, 뒷면에는 한문으로 새겨 넣었고, 크기와 문구까지 청이 직접 지정했다. 굴욕의 절정이자 조선 개국 이후 전례 없는 사건이었다.
 남한산성은 끝내 함락되지 않았다. 그러나 그것은 완전한 승리가 아니었다. 왕과 조정은 살아남았지만 나라는 깊은 암흑기에 접어들었다.

 1637년 병자호란 패전 후 삼전도에서 청나라에 항복한 '삼전도의 치욕'은 지금도 역사에 깊은 상처로 남아 있다. 하지만 그 아픔 속에서도 광주의 사람들은 삶을 이어갔고, 장터와 나루는 다시 북적였다.
 삼전도 맞은편 송파나루와 풍납토성 일대는 광주목의 역사에서 빼놓을 수 없는 무대였다. 송파나루는 조선 후기 전국의 곡물과 물자가 모여드는 3대 시장 가운데 하나로, 하루에도 수십 척의 배가 오가며 한양의 밥상을 책임졌다. 강변에 늘어선 주막과 여인숙, 그리고 장터의 북적임은 나라의 흥망과 상관없이 이어졌다. 풍납토성과 몽촌토성은 백제의 도읍지로서 고대부터 광주 땅이 지닌 역사적 뿌리를 증언하는 공간이었다.

남한산성도_동국여도_서울대 규장각

한양도성과 남한산성을 잇는 혈맥, 성남

    남한산성에서 내려온 길은 오늘날 도로와 골목 속에도 이어져 있다. 성남 땅에 발을 디디면 단순한 도시 풍경이 아니라 성곽과 맞닿아 있던 길, 마을 사람들의 삶과 군사들의 긴박한 발걸음이 겹쳐 보인다.

    광주목 경계는 단순한 행정 구획이 아니었다. 이 땅은 성을 지키는 방어선이자 사람들의 생활권이었다. 오늘날 성남과 하남으로 갈라진 지역은 본래 한 몸처럼 움직이며 남한산성과 운명을 같이했다.

    조선시대 광주목은 지금의 광주시만을 가리키지 않았다. 당시 광주목은 지금의 성남, 하남, 서울 강남 일대까지 아우르는 넓은 행정

유네스코 세계유산, 남한산성

구역이었다. 남한산성을 중심으로 한 이 지역은 성을 지키는 군사적 요충지였고, 동시에 성 안팎 사람들의 생활 무대였다. 그래서 광주목이라는 이름은 단순히 오늘날 광주시에 한정된 것이 아니라 성남과 하남의 뿌리까지 함께 품고 있는 역사적 지명이라고 할 수 있다.

오늘날 행정 구역상으로는 성남, 하남, 광주가 각각 다른 도시로 나뉘어 있지만 본래는 한 줄기 맥을 공유한 땅이었다. 성남과 하남이 '성 밖의 관문' 역할을 맡았다면, 광주는 성을 둘러싼 넓은 생활권을 아우르는 중심지였다. 지금 우리가 성남의 도로나 하남의 마을을 걷다 보면 과거 광주목 사람들의 삶터이자 남한산성과 운명을 함께했던 역사적 무대를 함께 밟고 있는 셈이다.

분당구와 수정구 일대는 성곽의 서쪽과 북쪽 관문이었다. 전쟁이 일어나면 이 길을 통해 군사와 물자가 성으로 올랐고, 마을 사람들은 장정들을 전투에 내보낸 뒤 남은 이들이 식량과 땔감을 마련했다. 산성 축성에도 이들의 노동이 스며 있었으며, 평화로운 시기에는 장터를 열어 성 안팎을 잇는 교류가 이루어졌다.

옛길의 흔적은 지금도 성남의 골목과 산길 속에 남아 있다. 600년 전 이곳은 광주목 서북부에 속했으며, 사람들에게 행정 명칭보다 '성남'이라는 이름 대신 남한산성 서쪽 관문이라는 인식이 더 강했

남한산성의 숨은 통로, 암문

다. 광주목은 한양 남쪽을 감싸는 방어망이었고, 그 중심에 남한산성이 있었다. 성곽 서문, 즉 우익문을 나서면 곧장 성남 마을과 길이 이어졌다. 이 길은 한양과 성곽을 연결하는 주요 통로이자 남쪽에서 성으로 오르는 첫 경유지였다.

병자호란과 같은 전란이 닥치면 이곳은 단순한 길목이 아니라 초소와 병참기지였다. 성으로 향하는 군사와 물자가 모두 이곳을 거쳤고, 성에서 내려온 군령과 소식 또한 이 길을 타고 한양으로 전해졌다. 마을 주민들은 군량미와 땔감, 성벽 수리에 필요한 자재를 마련해 올렸고, 그들의 일상은 전쟁의 후방이자 보급선이 되었다.

지형적으로 성남은 한강 남쪽 분지와 산자락이 만나는 요충지였다. 서쪽으로 과천, 북쪽으로 강남, 남쪽으로 광주 중심부와 이어져 전쟁 시 남쪽과 서쪽 병참선을 모두 지원할 수 있었다. 길과 마을은 오랜 세월 사람들의 발걸음으로 닦였다. 장정들이 짐을 지고 오르내렸고, 농부들은 수확을 나귀에 싣고 장터로 향했다. 장날이면 군졸과 백성이 뒤섞여 물건을 사고팔며 성곽과 마을의 경계가 허물어졌다.

이렇듯 성남은 한양과 성곽을 살리는 동맥이었고, 평화로울 때 들과 장터가 삶의 터전이 되었으며, 위기시에 방패이자 보급 기지로 변모했다. 병자호란 당시 성남 일대는 숨가쁘게 움직였다. 골짜기와 산길을 따라 군사들이 성으로 향했고, 마을마다 장정들이 징발되었다. 남은 노인과 부녀자들은 군량미를 마련하고 땔감을 모아 나르며 전선 뒤를 지탱했다. 저녁이면 마을 부엌에서는 미음을 끓여 굶주린 군졸에게 내어주었고, 어린아이들은 나뭇잎을 모아 군화 속에 넣어주었다. 보이지 않는 손길 하나하나가 성을 버티게 한 힘이었다.

그러나 평화가 돌아오면 풍경은 달라졌다. 우익문으로 향하는 길은 장터를 오가는 행인들로 붐볐고, 나루와 육로가 만나는 지점은 물산의 집산지가 되었다. 성곽의 군사들도 시장에 내려와 장을 보았고, 장정들은 농한기에 한양으로 다녀왔다. 들판에 보리와 벼가 자라 계절마다 풍경을 바꾸었다.

광주목 속 성남은 전쟁과 평화, 두 얼굴을 지닌 곳이었다. 전쟁터의 후방이자 평화로운 생활권, 이러한 이중적 성격이 성남을 특별하게 만들었다. 성곽이 존재하는 한 이곳은 언제든 다시 방패가 되고, 동시에 마을의 삶터가 되었다.

근현대에도 성남 땅은 같은 맥을 이어갔다. 일제강점기에 일본인 지주들이 들어와 농토를 사들이고 근대식 도로를 놓았으나 사람들의 삶은 여전히 농사와 장터 중심이었다. 서울과 가까운 덕에 물산이 오갔고, 특히 모란장은 남쪽 광주와 성남 일대의 물류 중심지가 되었다. 광주에서 성남으로 향하는 옛길은 성곽 서문에서 내려와 장터와 마을을 거쳐 한강변으로 이어졌고, 이를 통해 한양과 소식·문화가 오갔다.

도시 개발 이전 성남은 농촌이자 군사적 관문이었다. 이후 서울의 팽창으로 농경지가 줄고 이주민이 늘면서 도시로 바뀌었지만 이 땅이 원래 광주의 역사·문화·방어선 속에서 성장해 온 땅이라는 사실은 변하지 않는다. 오늘날 분당·수정·중원으로 나뉜 성남의 기원은 바로 광주 서북부 땅, 한양도성과 남한산성을 잇는 혈맥에서 비롯되었다.

근현대에 들어 성남은 전혀 다른 모습으로 다시 주목받게 되었다. 1960~70년대 서울 도심 재개발과 정비 과정에서 삶의 터전을 잃은 수많은 철거민과 저소득층이 이주하면서 지금의 성남 땅에 '광주대단지'가 세워졌다. 그러나 기반 시설도 일자리도 마련되지 않은 채 사람들이 밀려들었고, 곧 생활고는 벼랑 끝에 몰렸다. 결국 1971년 8월 수만 명의 주민들이 거리로 나서 절박한 생존의 외침을 쏟아낸 '광주대단지사건'이 일어났다. 이 사건은 국가의 도시정책에 커다란 전환점을 마련했지만, 당시 주민들에게는 생존을 건 처절한 몸부림이자 눈물의 기록이었다.

1973년 광주대단지 일대가 성남시로 승격되면서 낙후된 주거지는 점차 변화를 맞았다. 초기에 어두운 판잣집 풍경이 이어졌지만 공업단지와 주거단지가 함께 개발되며 도시의 기초가 세워졌다. 이어 1990년대 분당신도시 건설은 성남을 수도권 남부의 핵심 주거·상업지로 바꾸어 놓았다. 2000년대 이후 판교테크노밸리 조성은 성남을 대한민국 IT·첨단산업의 심장부로 도약시켰다. 이제 성남은 90만 명이 넘는 인구를 가진 대도시로 성장했고, 분당·판교 같은 신도시와 수정·중원의 구도심이 함께 호흡하는 복합도시로 자리잡았다.

  오늘날 성남의 풍경은 달라졌다. 고속도로가 마을을 가로지르고, 빽빽이 들어선 고층 건물이 하늘을 가린다. 그러나 그 땅을 밟고 서면 여전히 남한산성의 그림자가 길게 드리워져 있다. 도시가 되었다고 해서 과거의 길이 사라진 것은 아니다. 아스팔트 아래, 재개발 단지의 뒷골목, 햇볕이 닿지 않는 오래된 담장 곁에는 옛길의 결이 남아 있다. 한양과 지방을 잇던 발걸음, 성을 오르내리던 군사와 장정들의 땀방울, 대단지에 모여 살던 사람들의 눈물이 아직은 지워지지 않은 채 이 땅 어딘가에서 조용히 숨쉬고 있다.

  남한산성에서 성남으로 이어지는 길을 따라 걷다 보면 바람결 속에 성 밖을 지키던 병사들의 함성, 대단지에서 울려 퍼진 절규가 들려오는 듯하다.

  산에서 흘러내린 물길은 성남의 들판과 마을을 적시며, 때로는 격변의 시대를 흘려보내고 때로는 사람들의 삶을 끌어안았다. 오늘날 산책로와 자전거길로 변한 탄천은 도시의 풍경 속에서도 옛 물길의 기억을 품고, 성남의 과거와 현재를 잇는 조용한 증언자로 흐르고 있다.

성남을 가로지르며 흘러드는 물길, 탄천

남한산성 성곽 너머 남쪽, 성남

성곽 너머 한강을 품은 도시, 하남

 성 밖으로 흘러내린 옛길은 성남을 지나 하남으로 이어진다. 오늘날 우리는 '성남시', '하남시'라는 행정 구분에 익숙하지만 조선시대의 하남은 독립된 고을이 아니었다. 성남처럼 광주의 품 안에 속해 있었으며, 그 경계는 한강 남쪽 압구정에서 시작해 선릉과 정릉, 봉은사를 거쳐 송파나루와 삼전도, 광나루 지나 팔당까지 길게 뻗어 있었다. 지금의 하남 대부분이 바로 이 옛 광주 땅에 자리하고 있었다.

 한강 남쪽 이 땅은 수천 년 시간이 겹쳐진 역사 무대였다. 풍납토성과 몽촌토성에 한성백제 시기의 도읍 흔적이 남아 있었고, 그 뒤

광주목의 교육과 정신이 깃든 광주향교 내 동재

로는 강 따라 발달한 조선의 마을과 읍치가 자리했다. 강과 산이 만나는 지점마다 고대의 울림과 조선의 숨결이 뒤섞여 있었다.

하남은 그 광주의 한복판이었다. 한강과 남한산성 사이, 강과 산을 모두 품은 길목이자 한양을 지키는 남쪽 관문이었다. 광주의 지형은 단순히 넓은 평야나 강변을 의미하지 않았다. 그것은 한양 방어 전략의 핵심 축이었다. 한강 이북에 북한산성이, 한강 이남에는 남한산성이 있었다. 두 산성은 북과 남에서 한양도성을 껴안아 위급한 순간 왕과 조정을 보호하는 쌍벽이었다.

남한산성은 한양도성에서 한강 건너 남동쪽에 자리한 왕의 전용 행궁이자 천혜의 요새였다. 높은 산능선과 깊은 골짜기, 맑은 샘이 있는 이곳은 전시에 마지막 보루였고, 평시에 나라의 안녕을 기원하는 장소였다. 병자호란 때 인조는 한양도성 소문인 광희문을 나서 왕십리 지나 살곶이다리 옆 전관원에 머문 뒤, 광나루와 송파나루 거쳐 남한산성으로 향했다. 그 모든 길목이 광주 땅이었고, 오늘날 하남의 길들이었다.

담장 너머로 은은한 풀 냄새와 흙 냄새가 섞여 들어오고, 오래된 나무 그늘 아래에서는 바람이 고요히 머문다. 한 걸음 안으로 들어

서면, 바닥의 자갈이 발밑에서 사각거리고, 눈앞에는 '명륜(明倫)' 두 글자가 선명히 새겨진 현판이 눈길을 붙든다. 이곳은 수백 년 동안 사람을 가르치고, 마음을 바로 세우던 자리, 광주향교다. '명륜'은 인간 사회의 윤리를 밝힌다는 뜻이다. 천 년 전 하남은 광주의 중심으로, 정치·경제·교육·문화의 핵심지였다.

광주향교는 경기 지역에서 드물게 평지에 세워진 향교다. 거북이 형상의 너른 터에 세운 까닭에, 땅의 기운이 안정되고 학문이 번성할 것이라 여겼다. 한강과 남한산성 사이, 교통과 방어, 문화의 중심에 있던 광주의 심장부가 바로 이곳이었다. 하지만 오늘날 행정구역상 광주향교는 광주시가 아니라 하남시 교산동, 곧 교산 신도시 예정지 한가운데에 있다.

광주향교는 단순히 글을 배우는 곳을 넘어 고을 사람들의 정신적 구심점이었다. 봄과 가을마다 성현을 기리는 제향이 거행되면 고을 수령을 비롯한 유생과 주민들이 정성스럽게 향과 예를 올렸다. 선비들은 이곳에서 사서삼경을 익히며 나라의 도리를 배우고, 마을 아이들은 향교 앞마당을 놀이터 삼아 자라났다. 그들에게 향교는 학문의 전당이자 생활의 무대였다.

조선시대 지방의 향교는 유교적 가치관을 고을 곳곳에 뿌리내리게 한 중심지였고, 광주향교도 예외가 아니었다. 성리학을 가르치던 강당에서는 낮이면 글 읽는 소리가 울려 퍼졌고, 밤이면 등불 아래에서 토론이 이어졌다. 선비들은 글로만 세상을 배우지 않았다. 예를 익히고 몸가짐을 단정히 하는 훈련까지 겸하며 훗날 벼슬길에 올라 고을을 다스릴 때 여기서 배운 정신을 근간으로 삼았다.

향교 앞을 지나는 장터길에는 늘 사람들의 발길이 이어졌다. 장정들은 남한산성으로 오가는 군량을 나르며 이 길을 지났다. 장에 나온 이들은 잠시 향교 담장 앞에 멈추어 고개를 숙이기도 했다. 아이들의 웃음소리와 장터의 흥정 소리, 그리고 향교 강당의 독서 소리가 뒤섞이며, 고을의 삶과 배움은 늘 함께 흘러갔다.

광주향교 건물 배치는 전형적인 향교의 구조를 따르고 있다. 앞에는 배움의 공간인 명륜당이 있고, 뒤에는 제향을 올리는 대성전이 자리한다. 강학과 제향, 곧 가르침과 예가 나란히 놓인 이 구조는 유학의 정신을 눈에 보이게 한 것이다. 대성전에는 공자를 비롯한 성현의 위패가 봉안되어, 제향의 날이면 유생들이 정성을 다해 예를 올렸다. 이곳에서 배운 선비들은 학문과 예를 함께 익히며, 지식과 덕을 갖춘 인재로 길러졌다.

광주향교는 학문을 배우는 공간을 넘어 지역 사회의 중요한 공론

경기지역 중 너른 평지에 세워진 유일한 향교, 광주향교

장이기도 했다. 고을의 현안이 있을 때는 유생과 선비들이 이곳에 모여 의논했고, 백성들의 어려움도 수령에게 전달하는 다리 역할을 하기도 했다. 향교의 담장 안에서 논의된 사소한 문제들이 때로는 마을의 질서를 바로잡고, 고을 전체의 의사결정을 이끌어 내는 힘이 되었다.

또한 광주향교에는 훗날 이름을 떨친 인물들의 발자취도 남아 있다. 남한산성 축성과 방어, 조선 후기의 정치적 격변 속에서도 이곳에서 학문을 닦은 인재들이 고을의 자랑이 되어 조정으로 나아갔다. 그들의 뿌리는 바로 향교의 마룻바닥과 강당의 책상 위에 있었다. 이런 전통은 단절되지 않고 이어져 광주 사람들의 자긍심과 교육에 대한 열망을 지탱해 주었다.

오늘날 광주향교는 더 이상 유생들의 글 읽는 소리가 울려 퍼지지 않지만 그 자리는 여전히 살아 있는 배움의 장이다. 문화유산으로 보존되는 동시에 지역의 학생들이 옛 교육의 흔적을 배우고, 시민들이 전통의 숨결을 체험하는 공간이 되고 있다. 변하는 시대 속에서도 향교는 단순한 옛 건물이 아니라 과거와 현재를 이어 주는 다리이자 미래 세대에게 전해줄 귀한 기억의 장소로 남아 있다.

오늘날 교산 신도시의 개발로 주변 풍경은 크게 바뀌고 있지만 여전히 광주향교의 현판 위 '명륜' 두 글자는 변함없이 빛난다. 이는 옛 선비들의 숨결과 삶의 질서가 이 땅에 뿌리내려 있음을 증언한다. 돌담과 기둥 하나하나에 스며든 그 시간들은 급격히 변해가는 도시 풍경 속에서도 우리에게 묵직한 울림을 남긴다.

한강에서 남쪽으로 눈을 돌리면 두 개의 산줄기가 마주 선다. 동쪽으로 부드럽지만 견고한 곡선을 그리는 검단산, 서쪽으로 마치 성곽을 두른 듯 단단한 이성산이 하남의 남쪽 하늘을 지킨다.

이성산성은 해발 209m의 산 정상부에 자리한 테뫼식 석성이다. 한성백제시기에 축조된 것으로 추정되며 팔당호와 한강을 동시에 내려다볼 수 있는 전략 요충지였다. 성 안에 우물터와 건물지, 토기 조각이 남아 있어 단순한 방어 시설이 아니라 생활과 행정의 거점이었음을 보여준다.

600년 전 이 성은 남한산성과 연계된 남쪽 방어망의 일부로 활용되었다. 이곳에 서면 북쪽으로 한강이, 남쪽으로 광주와 여주의 들판이 한눈에 들어온다. 물길과 육로를 함께 감시할 수 있었기에, 군사들은 이곳을 '하남의 망루'라 불렀다.

검단산은 해발 657m로, 하남에서 가장 높은 봉우리다. 이름은

'검을 단(檀)' 자를 써서 '검을 땅'이라는 뜻이기도 하고, 고려시대 승려 검단선사(黔丹禪師)가 이곳에서 수도했다는 설도 있다. 산세가 웅장하면서도 부드러워 옛사람들은 이 산을 남한산성의 외곽 방패로 여겼다.

정상에 서면 동쪽으로 남한강과 팔당호, 서쪽으로 서울 전역이 시원하게 펼쳐진다. 맑은 날이면 한강 물결과 도심 건물, 멀리 삼각산 능선까지 한눈에 보인다. 이 시야 덕분에 검단산은 군사적으로도 중요한 감시 거점이었다.

이성산성은 한강 물길과 인근 평야를, 검단산은 남쪽 산악지대를 감시하며 하남과 그 주변을 둘러싼 입체적인 방어선으로 이루어졌다. 남한산성과 연결하면, 강·산·성곽이 서로 맞물리는 '하남형 방패선'이 완성된다. 이 방패선은 백제 시기 한성의 배후를, 조선 시기 한양의 남쪽을 동시에 지켰다.

성터에 서서 팔당호를 내려다보면, 천오백 년 전 백제 군사들의 시선이 겹쳐진다. 검단산은 사계절 모두 아름답지만, 봄철 진달래와 가을 단풍이 특히 장관이다. 정상에서 바라보는 한강과 서울의 전경은 하남이 왜 예로부터 중요한 곳이었는지 한눈에 보여준다.

검단산 정상에서 바라본 삼각산 능선

3

한양으로
향한 나룻길

노량

시흥

과천

600년 수운의 관문, 노량진

　한강대교 위에 서면 강 한가운데 길쭉하게 누운 노들섬이 시야를 가득 채운다. 오늘날 이곳은 공연과 전시, 음악이 어우러진 문화섬이지만 오래전엔 강을 건너는 요충지이자 수운의 중심이었다. 다리가 없던 시절, 한양에서 한강 남쪽 노량진으로 가려면 반드시 배를 타야 했고, 그 길목에 백로가 날아 앉는 모래톱이 있었다. '노들'이라는 이름은 바로 이 '백로의 돌'에서 유래했다.

　노들섬은 그저 모래섬에 머물지 않았다. 계절과 강물의 높이에 따라 몸을 드러내기도 잠기기도 하며 흐름을 다스렸고, 나루터를 오가는 배들의 발길을 머물게 하는 길목이었다. 조선시대 이곳은 강 건

모래섬에서 문화섬으로 변신한 노들섬 ⓒ최대원

너 경기 땅으로 가는 첫 관문이었으며, 물자와 소식을 실은 조운선, 군선, 상선이 한강 하류로 향하거나 한양도성으로 들어갔다.

바람이 강물 위를 스치면 어디선가 경기민요 〈노들강변〉의 가락이 들려온다.

노들강변 봄버들
휘 늘어진 가지에다가
무정세월 한 허리를
칭칭 동여매어나 볼까…

이 노래는 일제강점기 신민요 형태로 널리 불린 곡이지만 그 뿌리는 경기민요다. 세마치 장단의 흥겨운 리듬은 삶의 고단함을 잠시 잊게 했고, 노랫말 속 강변 버드나무는 사람들의 한과 그리움을 함께 묶어 강물에 띄워 보냈다. 노랫말은 애잔하지만 가락은 경쾌하다. 그것은 이곳을 오가던 사람들의 삶처럼 고단함 속에서도 웃음을 잃지 않았던 한강변의 기운이었다.

한강철교가 놓이기 전까지 노량진 나루터는 사람과 물자가 서울과 경기를 오가는 핵심 통로였다. 강 건너 용산은 한성부에 속했고,

강 남쪽 노량진에 발을 디디는 순간 경기 땅이었다.

나루터 주변에는 객주와 선창이 즐비했고, 강 건너려는 이들이 모여 장터를 이루었다. 조운선을 통한 세곡 운송, 군사 이동, 왕의 행차까지 모든 길이 이곳을 거쳤다. 한강철교가 생기기 전까지 배와 뗏목이 유일한 교통수단이었고, 물길은 삶과 군사, 정치의 흐름을 함께 실어 나르는 강 위의 길이었다.

600년 전 한강나루 가운데서도 중요한 요충지였던 동작나루는 임진왜란과 병자호란, 사신길과 장터로 향하는 길목이었고, 시흥·과천·수원으로 가는 첫 관문이었다. 강 건너에 용산과 목멱산, 멀리 백악산까지 서울의 지형이 한눈에 들어와 군사적으로도 빼놓을 수 없는 지점이었다. 그 시절 강 건너려는 사람들은 이곳에서 발걸음을 멈추고 뱃사공의 손끝에 몸을 맡겼다.

1960~70년대 서울의 도시 확장과 함께 한강 다리 건설이 본격화되면서 동작나루 위에 현대식 교량이 세워졌다. 1984년 개통된 동작대교는 서울 남북을 잇는 한강대교로, 강남 개발과 함께 폭발적으로 늘어난 교통량을 감당했다. 서울 도심과 관악·금천·과천을 연결하는 주요 도로축이 되었고, 인근의 국립서울현충원과 함께 국가적 추모와 기억을 이어주는 길로 자리매김했다.

동작대교 위에 서면 한강의 넓은 물길이 시원하게 펼쳐진다. 서쪽으로 63빌딩과 여의도의 마천루가, 남쪽으로 관악산 능선이 부드럽게 이어진다. 벚꽃과 푸른 강물, 여름 짙은 녹음, 가을 단풍과 강물 위 반사광, 겨울 고요한 수면과 차가운 바람까지 계절마다 다른 얼굴이 다리 건너는 이들의 시선을 붙잡는다.

다리 건너면 언덕 위로 푸른 묘역이 펼쳐진다. 한국전쟁, 베트남전, 각종 대외분쟁에서 나라를 지킨 이들이 잠든 자리다. 비석마다 새겨진 이름 아래에 각자의 삶과 마지막 순간까지 지켜낸 이야기가 고요히 숨쉬고 있다. 봄이면 벚꽃이 흐드러져 길을 덮고, 가을이면 은행잎이 금빛으로 물들며 묘역을 감싼다. 그 길을 걷는 사람들은 꽃과 낙엽 사이에서 숭고함과 희생의 무게를 새삼 느낀다.

언덕 위에 오르면 강의 너른 품이 한눈에 펼쳐진다. 물결 위에 길게 누운 노들섬이 낮게 엎드려 있고, 그 뒤로는 한강대교의 철골이 햇빛을 받아 반짝인다. 시야를 멀리 두면 목멱산이 푸른 하늘을 떠받치듯 우뚝 서 있고, 응봉의 능선은 부드럽게 흘러내려 강변에 기대어 선다.

오른쪽으로 눈길을 돌리면 조선시대 교통의 요지였던 송파나루가 자리하고, 그 너머로는 남한산성이 희미한 능선으로 모습을 드러낸다. 사계절 풍경도 이곳을 특별하게 만든다. 봄이면 강가의 버드나무 가지가 연둣빛을 흩날리며 물 위로 내려앉고, 가을이면 갈대밭이 바람에 일렁이며 은빛 물결을 만든다. 시간의 흐름 속에서도 이 언덕은 강과 도시, 그리고 산세가 한데 어우러지는 넓은 시야를 허락해왔다.

바로 이 자리가 노량행궁인 용양봉저정(龍驤鳳翥亭)이다. 1795년 봄, 정조는 어머니 혜경궁 홍씨의 환갑을 맞아 아버지 사도세자의 묘소인 화성 현륭원으로 향하는 원행길에 이곳에 머물렀다. '낮에 머무는 곳'이라는 뜻의 주정소(晝停所)로 삼았던 곳이 바로 이 언덕이었다. '용이 머리를 치켜들고, 봉황이 날개를 펼친다'는 이름 그대로, 용양봉저정은 강과 하늘을 한눈에 아우르며 왕이 잠시 머물기에도 손색이 없는 공간이었다. 주변의 풍광은 장중하면서도 서정적이었고, 강을 통해 모여든 백성들은 이곳에서 군왕의 행차를 가까이에서 바라볼 수 있었다.

정조의 원행은 단순히 부모를 뵙기 위한 효도의 길이 아니었다. 뒤주에 갇혀 억울하게 생을 마감한 아버지도 기리고, 그 슬픔을 온전히 지켜본 어머니도 위로하는 깊은 사사로운 정이 담겨 있었다.

정조의 원행길에 머물던 노량행궁, 용양봉저정

동시에 이는 정치적 행위이기도 했다. 왕이 직접 강 건너고 길 따라 걸으며 백성과 마주하는 장면은 '효심 깊은 군주'라는 이미지를 백성들에게 각인시켰다. 나아가 자신의 왕권이 도덕적 정당성을 지니고 있음을 천명하는 자리였다. 다시 말해, 용양봉저정은 단순한 행궁이 아니라 정조의 정치철학과 인간적인 마음이 교차하던 역사적 무대였던 셈이다.

원행길 첫 관문이 바로 노량진이었다. 정조는 창덕궁을 나서 숭례문 지나 용산강변에 도착했다. 그곳에서 한강 위에 거대한 배다리가 놓여 있었다. 48척의 배가 나란히 이어져 물살 위에 하나의 길이 되었고, 배마다 줄을 매어 흔들림도 막았다. 강 양쪽에 붉은 홍살문이 세워지고, 깃발이 바람에 펄럭였다. 나팔과 북소리가 울리면 강 위는 금세 장엄한 무대로 변했다.

〈화성행행도〉에는 그 장면이 정교하게 그려져 있다. 왕의 어가를 중심으로 6,000여 명의 인원과 1,400필의 말이 줄지어 강을 건넜다. 강물은 그 위엄을 비추듯 잔물결을 일으켰고, 강가에 구경 나온 백성들이 빽빽하게 늘어서 왕의 행차를 지켜봤다.

배다리 건너 언덕으로 오르면 용양봉저정이 왕을 맞이했다. 여기서 정조는 점심을 들며 잠시 숨 고르며 이어질 긴 여정을 준비했다.

원행길 전체가 8일간 이어지는 대장정이었기에 첫날의 이 쉼터는 각별했다.

정조는 단순히 몸을 쉬기 위해 이곳에 머문 것이 아니었다. 아버지를 만나러 가는 길목에서 마음을 다잡고, 어머니를 모신 채 대열의 선두에 서는 결심을 굳혔다. 강 건너 보이는 한양의 산세와 멀리 남한산성 너머로 이어질 길이 모두 그의 시야에 들어왔다.

오늘날 노량진은 고층 건물과 차량이 빽빽한 도시가 되었지만 언덕 위에 서면 여전히 강은 흐르고, 바람은 옛날과 다르지 않다. 한강대교 아래를 지나며 그 위에 놓였던 배다리와 붉은 깃발을 상상해본다. 강변의 버드나무 그늘 아래에서 민요 〈노들강변〉이 흘러나오듯 200여 년 전 정조의 발걸음과 그날의 공기가 바람 속에 스며 있는 듯하다.

노량진 언덕 위에서 강을 내려다보면 역사는 책 속에서만 존재하는 것이 아니라 여전히 강물과 바람 속에 살아 있다는 사실을 새삼 느끼게 된다.

노량진은 왕의 쉼터만이 아니라 군사·행정의 핵심 거점이었다. 한강 하류를 지키는 노량 나루터에 진(鎭)이 설치되어 강 오가는 선박과 사람을 감시했다. 유사시 한양 방어의 남쪽 관문 역할을 했다. 강 건너 용산이 한성부 관할이었다면, 노량진은 경기 지역의 첫 접경지였다.

노량진 지명은 조류가 빠르고 여울이 많아 노를 저어 건너야 했던 '노량(櫓梁)'에서 비롯되었다는 설도 있다. 이곳은 한강 하류의 수심과 흐름을 잘 아는 뱃사공 없이는 건너기 힘든 지점이었고, 그만큼 통행을 통제하거나 방어하기에 유리했다. 조선시대 노량 나루터는 남쪽에서 한양으로 들어오는 모든 물길이 집중되는 전략적 요충지였다. 전시에 병력과 군수품이 신속하게 집결하는 거점이 되었다.

강과 연결된 수운은 경제의 핏줄이었다. 조운선을 통한 세곡 운송, 지방의 물산 집결, 군량과 무기 운반까지 모두 이곳을 거쳤다. 나루터 주변에 객주와 여관, 주막이 늘어서 강을 건너는 사람들로 북적였다. 물결은 소금·쌀·목재를 실어 나르고, 돌아오는 배에는 비단·서적·한양도성의 물품이 가득 실렸다.

노량진 일대는 또한 문화와 인적 교류의 장이기도 했다. 강변에서는 뱃사공과 상인, 나그네와 관원들이 섞여 이야기를 나누었고, 봄이면 버들가지가 강바람에 흔들리는 풍경 속에서 시인과 묵객들이 시를 읊었다.

조선 후기와 개항기를 거치며 노량진은 장터로도 번성했다. 인근 어장에서 잡힌 생선과 한강에서 건져 올린 조개·재첩이 나루터에 쌓였고, 상인들 목소리가 강변을 메웠다. 일제강점기에 한강철교와 한강인도교가 차례로 놓이면서 철도·도로 교통의 요지로 변했다. 노량진 수산시장은 20세기 중반 이후 수도권 최대의 어시장으로 자리잡아, 전국 각지의 해산물이 이곳을 통해 서울로 들어왔다.

화성행행도_국립중앙박물관 소장

시흥행궁과 관아의 신도시, 시흥

 한양도성 벗어나 남쪽으로 발걸음을 옮기면 점차 시야가 넓어지며 강과 산이 어우러진 완만한 들판이 펼쳐진다. 봄이면 보리 이삭이 바람결에 출렁이고, 가을이면 황금빛 벼가 파도처럼 일렁이던 이 땅은 예로부터 한양과 남쪽을 잇는 길목이자 사람과 물자가 오가는 중요한 관문이었다. 그 길목에 자리한 곳이 시흥이다. 그러나 오늘날 우리가 떠올리는 경기도 시흥시가 아니라, 서울 금천구 시흥동, 바로 왕이 머물던 행궁이 있었던 자리다.
 고려시대 이 지역은 '금주(衿州)'라 불렸다. '금(衿)' 자는 옷깃을 뜻하는데, 한반도의 옷깃처럼 한강 남쪽을 감싸는 중요한 지점이라는 의미도 품었다. 무엇보다 이곳은 큰 물길이 도시를 품고 있었다. 안양천이 그 중심이었다. 길이 34.8km에 달하는 안양천은 관악산과 삼성산 깊은 계곡에서 발원해 호암산을 감싸 돌며 한강으로 흘러든다. 강 따라 내려오다 보면 군포천·사근천·학의천·갈천·대천 같은 지류들이 사방에서 모여들어 마치 거미줄처럼 물길망을 이룬다. 이 물길들이 모두 모여 한강으로 합류하니, 옛사람들이 이곳을 '큰 물이 머무는 주(州)'라고 부른 것도 무리가 아니다.

조선시대에 이르러서는 강 좌우를 구분해 불렀다. 서쪽은 양천(陽川), 동쪽은 금천(衿川)이라 했다. 물줄기는 지역의 경계를 나누는 동시에 사람들의 생활과 문화를 엮는 끈이었다. 강변 마을마다 장터가 서고 물길 따라 나룻배와 뗏목이 오가며 곡식과 소금, 땔나무와 생활 물자가 실려 나갔다.

'안양천'이라는 이름은 관악산 기슭 안양사에서 비롯되었다. 그러나 일제강점기, 행정의 편의를 이유로 각 지류의 고유한 이름은 사라지고 모두 '안양천'이라는 이름으로 통합되었다. 이름은 하나로 줄었지만 물길이 품은 이야기와 지역적 개성은 여전히 남아 있었다. 오늘날에도 이 강은 서울과 경기를 가르는 경계선이자 동쪽 금천과 서쪽 양천을 잇는 상징적인 흐름이다. 그리고 바로 이 강가에 시흥

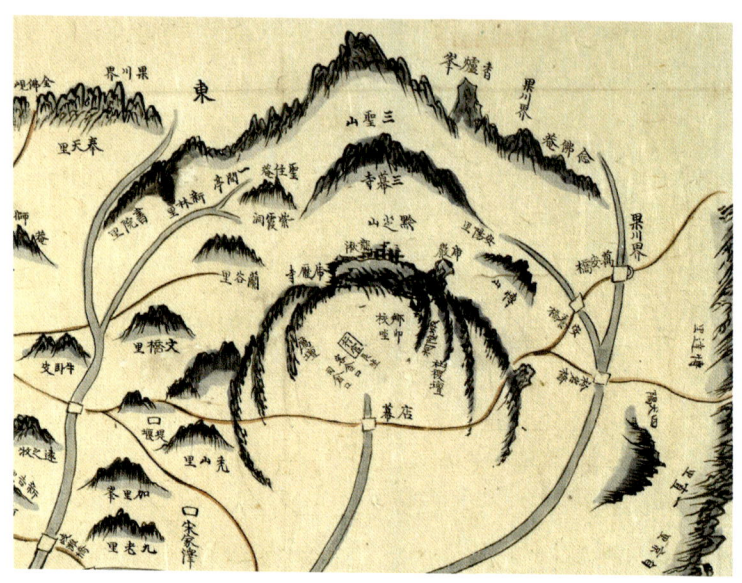

시흥행궁 고지도_1872년_서울대학교 규장각 소장

의 옛 터가 자리잡고 있었다.

  1795년(정조 19), 정조는 어머니 혜경궁 홍씨의 회갑을 맞아 아버지 사도세자의 묘소가 있는 화성 현륭원으로 향하는 7박 8일 원행길을 준비했다. 단순한 효행의 길이 아니었다. 그것은 왕권 강화와 정치 개혁, 지역 부흥을 함께 꾀하는 대장정이었다. 이 원행길을 위해 정조는 금천 땅에 주목했다. 그는 이곳을 '시흥(始興)'이라 명명했다. '비로소 일어선다'는 뜻을 담은 이 이름에는 한양 남쪽의 관문을 새로운 중심지로 키우고자 하는 의지가 담겨 있었다. 이름만 바꾼 것이 아니라 도로를 정비하고, 행궁과 관아를 새로 세우며 남쪽 길목을 국가의 전략 거점으로 재탄생시키려 했다.

왕이 도성에서 나라를 다스리는 곳은 궁궐이다. 경복궁·창덕궁·창경궁·경희궁·경운궁은 왕이 거처하며 정치와 의례를 집행하는 중심 무대였다. 그러나 왕이 도성을 떠나 잠시 머물러야 할 때는 '행궁'이 필요했다. 유사시 피난처로 쓰인 남한산성과 북한산성의 행궁, 온천 요양을 위해 찾은 온양행궁, 원행길에 이용한 노량행궁과 시흥행궁, 그리고 화성행궁이 그 예다.

정조는 아버지 사도세자의 묘소를 수원 화산으로 옮기고, 그 주변에 현륭원과 화성행궁을 조성했다. 그리고 남쪽으로 향하는 원행길의 중간 기착지로 시흥행궁을 계획했다. 1795년, 어머니 혜경궁 홍씨의 회갑을 맞아 떠난 7박 8일간 원행길에서 시흥행궁은 중요한 역할을 했다.

원행길은 창덕궁에서 시작됐다. 한강에 놓인 배다리를 건너 노량행궁(용양봉저정)에서 점심을 들고, 장승배기 지나면 길은 점차 평탄

해지며 시흥으로 향한다. 시흥행궁은 관악산과 호암산이 병풍처럼 둘러선 기슭, 시흥 관아와 시흥향교 사이에 자리했다. 호암산은 '금주산'이라 불리며 이 지역을 지키는 수호산이었고, 발 아래로는 안양천 물길이 유유히 흘렀다.

시흥행궁의 입지는 치밀하게 계산된 것이었다. 한양에서 화성까지 가는 길목 중 하루 여정이 적당히 마무리되는 지점이다. 물과 산이 감싸 행차를 안전하게 보호할 수 있는 위치였다. 또한 주변에는 관아와 향교, 시장이 있어 왕이 백성과 관리들을 접견하고, 연회를 열며, 시상을 베풀기에 알맞았다.

정조는 이곳을 단순한 숙소가 아니라 한양 남쪽의 정치·문화 거점으로 만들고자 했다. 화성행궁이 수원 신도시의 심장부였다면, 시흥행궁은 시흥 신도시의 심장이었다. 행궁 마당에서 왕의 행차를 맞이한 백성들의 환호가 울렸고, 지방 관리들이 줄지어 서서 왕의 명을 받들었다. 때로는 군사 훈련이나 의례가 행해지기도 했다.

정조 이후 순조·헌종·철종·고종에 이르기까지 시흥행궁은 계속 이용되었다. 왕이 다니던 옛길은 오늘날 시흥대로로 이어졌고, 안양천을 사이에 둔 서울 금천구와 경기도 광명시 일대는 여전히 시흥행궁의 흔적과 이야기를 품고 있다. 지금 건물은 사라졌지만 그 자리는 역사·문화·생태가 만나는 공간으로 남아 한강에서 화성으로 이어진 왕의 길과 함께 우리의 발걸음을 이끈다.

조선시대 행궁이 시흥으로 옮겨지게 된 데에는 정치적·지리적 요인이 복합적으로 작용했다. 조선 중기까지 경기도 감영은 수원이나 개성에 있었지만 한양과의 근접성, 바닷길을 통한 수운의 활용성, 군사 방어 거점으로서 가능성을 종합적으로 고려해 시흥으로 옮겨지게 된다. 특히 인조 대 이후 외적의 침입에 대한 경계심이 커지면서 내륙보다는 해안 접근이 용이한 시흥이 더 중요한 장소로 부각된 것이다.

시흥감영이 설치되면서 조선의 여러 고을에서 이곳을 찾는 유생과 관료, 상인과 군사들이 늘었다. 그에 따라 역참과 여관, 창고, 시장 등이 함께 들어섰고, 마을의 규모와 기능도 달라지기 시작한다. 관영 주도의 도시계획이 이루어졌고, 각지에서 온 사람들이 이곳에서 모이고 흩어지며 도시의 얼굴을 만들어갔다.

특히 감영이 있던 지역은 '도창(都倉)'이라 불리며, 조선 후기에는 물자의 집산지 역할을 톡톡히 했다. 한양에서 내려온 공문이나 물자, 강화와 김포, 안산 쪽에서 넘어온 수산물과 농산물이 이곳을 거쳐 다시 배분되곤 했다. 지금도 '도창동'이라는 지명이 남아 있으며, 이는 조선시대 감영과 수군 중심의 시흥의 위상을 증명하는 이름이다.

시흥행궁이 들어선 자리는 숙소나 쉼터 이상의 의미를 가졌다. 이곳은 시흥 고을의 중심지, 곧 읍치였다. 읍치는 지방 행정과 군사, 경제 활동의 핵심이 모이는 곳으로, 관아와 향교, 시장, 주요 도로가 한데 모여 있었다.

시흥현 관아는 행궁 바로 인근에 자리해 있었다. 관아는 크게 동헌과 객사로 나뉘었는데, 동헌은 현감이 업무를 보던 청사였고, 객사는 사신이나 중앙에서 내려온 관리를 접대하는 공식 숙소였다. 동헌 앞에 넓은 마당이 펼쳐져 있었고, 그 옆에 군기고·형방청·창고 등이 배치되어 군사 장비와 세곡을 보관했다.

관아 주변에 장날이 되면 사람들로 북적이는 시장이 섰다. 안양천과 목감천을 따라 모여든 곡식, 채소, 생선, 목재 등이 여기서 거래되었다. 행궁이 있는 고을답게 장터에서 왕의 행차 소식이나 중앙 정치의 변화가 빠르게 퍼져나갔다. 관청 근처에 역참도 설치되어 파발마가 쉬어 가며 공문서를 전달했고, 서울과 수원·인천·안양으로 향하는 길이 사방으로 뻗어 나갔다.

시흥의 행정 중심지라는 성격은 군사적으로도 중요했다. 한양 남쪽을 지키는 길목에 위치했기에 비상시에 병력 집결지이자 군수품 보급소로 쓰였다. 관아와 행궁은 서로 긴밀히 연결되어 왕이 남행하는 길에 안전한 숙박과 의전을 지원했고, 평시에 지방의 정무와 군사 지휘를 수행했다.

행궁 앞마당에서 왕을 알현하는 의식이 거행되었고, 마을 사람들은 멀리서라도 임금의 얼굴을 한 번 보려고 몰려들었다. 마당 한켠에는 지방 유생들이 과거 공부를 하던 시흥향교가 있었다. 매년 봄·가을에 석전대제가 열려 유교의 도덕과 예절을 기리는 행사가 이어졌다. 이처럼 시흥행궁 주변의 읍치는 한양과 화성을 잇는 남쪽 길목의 행정·군사·문화 중심지였다. 정조가 이곳에 행궁을 세운 이유는 단지 편의를 위한 숙소 때문이 아니라 남쪽의 관문에 정치와 문화의 거점을 세워 나라의 기틀을 다지고자 한 깊은 뜻이 있었다.

정조의 원행길, 과천

한양에서 남쪽으로 내려가는 길, 관악산 자락이 멀어지면 갑자기 시야가 트이며 넓은 들판이 펼쳐진다. 들판 너머로 청계산 능선이 유려하게 뻗어 있고, 그 아래로 작은 마을들이 옹기종기 모여 있다. 이곳이 과천이다.

과천은 조선시대 한양 남쪽의 마지막 관문이었다. 북쪽으로 한양도성, 남쪽으로 수원과 화성으로 이어지는 길목에 자리했고, 동서로 청계산과 관악산이 병풍처럼 둘러싸 천혜의 요새를 이루었다. 서쪽의 남태령 고개와 동쪽의 갈현고개는 한양을 오가는 이들이 반드시 넘어야 하는 길이었다. 남태령은 낮은 고개지만 역사적으로 수많은

관악산 기슭 과천 자하동천 자하동계곡

인물과 행렬이 이 길을 거쳤다. 한양을 떠나는 마지막 고갯길이자 도성으로 돌아오기 전 처음 발을 딛는 언덕이었다.

과천의 옛 이름은 과주(果州), 혹은 과문현이었다. '과일의 고을'이라는 뜻처럼 청계산과 관악산에서 내려오는 맑은 물과 비옥한 토양 덕분에 과수와 농작물이 풍부했다. 계절마다 과천 장터에는 사방에서 모여든 상인과 농민들로 붐볐고, 장정들이 고갯마루 넘어 짐을 지고 오갔다. 과천은 한양을 향한 물자의 집결지이자 남쪽으로 향하는 길목의 출발점이었다.

원행길은 한양에서 화성까지 이어진 대장정이었다. 그중 과천 구간은 한양을 벗어나 본격적으로 남쪽 행차가 시작되는 구간이었다.

왕의 행렬은 시흥행궁 지나 남태령 고개를 넘었다. 고갯마루에 오르면 남쪽으로 청계산과 과천 평야가 한눈에 들어왔다. 들판에는 봄철 파종이 막 시작되었고, 곳곳에 모인 백성들이 왕을 맞으려고 도열해 있었다. 정조의 어가는 천천히 과천으로 내려와 향교 앞을 지나며 유생들에게 예를 표했고, 마을 사람들에게는 하사품을 내렸다.

과천은 원행길에서 경유만 하는 마을이 아니었다. 한양과 화성을 잇는 길 위에서 백성과 임금이 직접 마주하는 공간이었고, 왕이 지방의 교육과 민심을 살피는 현장이었다. 청계산 기슭의 어정비는 행차 중 물을 길어 마시던 우물로, 과천 구간의 상징적 장소다. 왕과 수행원들이 이곳에서 잠시 목을 축이고 숨을 돌리며 다음 여정을 준비했다.

정조에게 과천은 고향길의 전초이자 백성들과 가장 가까이 호흡할 수 있는 길목이었다. 한양의 문을 나서면 곧 과천이었고, 그 길을 따라가면 화성과 아버지의 묘가 있었다. 그래서 과천 구간은 언제나 경건하고도 따뜻한 행렬의 풍경으로 채워졌다.

조선 후기 정조는 아버지 사도세자의 무덤이 있는 화성 현륭원을 향해 수차례 행차를 떠났다. 그 길목에서 과천은 늘 첫 번째로 맞이하는 큰 고을이었다. 그 긴 여정의 첫날 밤, 정조는 과천 관아에서 숙영했다. 지금의 과천시청 근처, 그곳에서 밤하늘을 올려다보며 무슨 생각을 했을까.

과천은 오래전부터 '고을의 얼굴' 같은 공간이었다. 서울과 경기 남부를 잇는 남태령 고개는 천혜의 분수령이자 관문이었고, 그 아래 자리한 과천은 조선 초기부터 경기도 중심지 역할을 했다. 성종 때에 감영이 잠시 과천에 머무르기도 했고, 한양과 충청·경상 방면을 오가는 사신과 상인들의 쉼터로도 기능했다.

정조는 행차 중 과천 백성들이 바친 청원서를 직접 읽고, 그 자리에서 명을 내려 과천현감에게 시정을 명령했다는 기록도 있다. 이는 정조가 단지 화려한 행렬을 이끄는 군주가 아니라 백성의 숨소리도 들으려 했던 정치가였음을 보여준다. 과천은 그런 정조의 실용정신이 스며든 실험장이기도 했다.

이 행차는 수원화성을 중심으로 펼쳐질 새로운 정치와 군사 거점을 염두에 둔 것이기도 했다. 과천은 화성까지의 길목이자 새로운 정치의 문턱이었다. 당시 정조는 한양의 기득권을 견제하며 새로운 정치 공간을 구상하고 있었다. 과천은 그 중간 지점에서 중요한 역할을 맡았다. 들판과 고개, 향교와 관아 이 모두가 정치의 무대였다.

오늘날 과천은 정부청사가 있는 도시다. 하지만 도시를 관통하는 작은 골목길과 오래된 나무들, 청계산 자락의 옛길을 따라 걷다 보면 정조의 행차가 그려낸 시간의 결이 느껴진다.

과천은 서울과 경계에 있으면서도 언제나 변두리로만 존재한 곳은 아니었다. 조선초 과천은 양재역과 함께 남쪽으로 향하는 길목의 첫 고을이었다. 예부터 과천현은 교통의 요지로, 경기도 관찰사(감영)가 잠시 머물렀을 만큼 위상이 높았다. 서울과 남부 지방을 잇는 길목에 있어 병참기지이자 중간 행정 거점으로 기능한 셈이다.

과천의 관문, 과천 객사 온온사

특히 조선의 대표적 고지도인 『대동여지도』를 보면 과천은 남태령을 경계로 한양과 접하고 있으면서도 청계산과 관악산에 둘러싸인 천혜의 방어 공간에 자리하고 있다. 이런 지리적 특성은 단순한 여정의 길목이 아니라 외세의 위협으로부터 수도를 보호하는 완충지대 역할을 했다.

조선 후기 '영남대로'와 '경부로'는 모두 이곳을 지나며 정착했다. 특히 과천은 조선 중기 '사직골', '과천마을' 이름으로 불리며 서울로 출퇴근하는 관리들이 주거지로 삼기도 했다. 과천이 단순한 농촌 고을에서 '서울 근교 지식인 마을'로 기능한 배경이다. 한때 시인이며 관료였던 정약용도 이 일대를 자주 오가며 글을 남겼다.

그리고 과천은 자연 환경 자체로도 고요한 품을 안고 있었다. 청계산은 이름 그대로 맑은 물이 흐르는 계곡을 따라 형성된 산이다. 계절마다 다른 옷을 입는 듯한 산세로 사계절 내내 사람들의 발길을 붙잡았다. 정조 역시 청계산 아래 들판을 군사 훈련뿐 아니라, 궁중 나들이 공간으로도 활용했다.

청계산과 관악산 자락 곳곳에는 절과 정자가 들어섰고, 선비들이 풍류를 즐기며 시와 그림을 남겼다. 과천향교에서는 수백 년 동안 유학의 전통이 이어졌고, 장터와 골목에서는 백성들의 삶이 활기를 띠었다. 과천은 왕과 백성이 함께 어울려 살아가는 작은 세계였으며, 그 속에서 학문과 예술, 종교와 생활이 조화를 이루었다. 그러나 일제강점기에 점차 조용한 외곽 도시가 되었다. 한국전쟁 이후 한동안 국방부, 군사시설 등이 주둔하면서 일반인 접근이 어려워졌고, 1980년대에 정부청사가 이전되면서 '행정 도시'라는 새로운 역할을 맡게 된다.

그럼에도 과천은 자신만의 속도를 잃지 않았다. 서울처럼 분주하지 않고, 성남이나 안양처럼 급격히 확장되지 않은 이 도시는 오히려 천천히, 조용히 경기옛길의 흔적을 지켜왔다. 남태령 고개는 여전히 정조의 숨결을 담은 채 열려 있고, 과천향교 앞의 소나무는 계절마다 다르게 빛나며, 자하동 계곡에 남아 있다.

지금 과천은 과학과 자연이 만나는 곳으로 재탄생하고 있다. 국립과천과학관, 서울대공원, 서울랜드, 경마공원 등 대중과 가족이 찾는 명소들이 들어서 과천의 역사와 문화를 유지하고 있다. 과천의 고즈넉한 골목길 사이로 경기옛길이 그대로 남아 있다.

오늘의 과천은 현대 행정도시이자 문화예술의 터전으로 자리한다. 정부과천청사와 국립현대미술관, 국립과천과학관은 전통 위에 세워진 지식과 문화의 전당이다. 청계산 자락을 따라 걷다 보면 향교와 옛 마을의 자취가 남아 있고, 국립과천과학관을 비롯해 서울대공원, 서울랜드, 경마공원 등 시민과 가족이 찾는 명소들이 함께 어우러져 있다. 과천은 역사의 뿌리와 오늘의 상징이 만나는 길목이며, 과거와 현재가 교차하는 관문이다.

1795년, 정조의 능행 반차도_국립중앙박물관 소장

4

한강 위에 피어난 섬들

여의도
양화진과 잠두봉
난지도

백사주이십리, 여의도

1946년 10월 16일 미군이 촬영한 한 장의 항공사진 속에 지금은 사라진 거대한 모래섬이 햇빛을 받아 하얗게 빛나고 있다. 여의도와 노들섬, 밤섬이 둘러싼 한강 한가운데 강물 위로 길게 뻗은 백사장이 번쩍인다. 조선시대 지도 〈경조오부도〉에는 이곳을 '백사주이십리(白沙周二十里)'라 기록했다. 둘레만 20리, 약 8km에 달하는 이 모래섬은 한양 강변 풍경의 중심 무대였다.

이곳은 단순한 모래땅이 아니었다. 조선시대 왕실 가축을 방목하던 목장이었으며, '목양(牧羊)'이라 불렸다. 〈대동여지도〉와 〈경조오부도〉에도 기록된 이 목양에서는 왕실에서 쓸 소, 돼지, 염소, 양 등

여의도 백사장. 항공사진_ 미국문서기록보관청_1946.10.16. 김천수 서울용산학연구센터장 제공

을 길렀다. 1418년(세종1), 명 황제가 양 1,052마리를 즉위 선물로 보내자 세종은 이를 각 관사에 나누어 기르게 했고, 일부는 한양도성 밖 한강변 목양에서 방목했다. 이후 여화도, 여도, 여울리로 불리다가 '여의섬'이 되었고, '너도 섬'이라는 뜻의 여의도(汝矣島)로 이름이 굳어졌다. 섬 한가운데 야트막한 양말산이 있었고, 금빛 모래밭이 이를 감싸다가 강물이 불면 산봉우리만 남긴 채 물에 잠기곤 했다.

백사주는 정조의 화성 원행길이 시작되는 곳이기도 했다. 노량진의 '노량행궁' 앞에 배다리(舟橋)가 강 위에 놓였고, 왕과 수행원들이 이를 건너 시흥·과천·수원으로 향했다. 평민들은 그 옆 모래밭 위에서 저녁 햇살이 드리우는 '사촌모경(沙村暮景)'을 즐겼다. 붉은 하늘과 금빛 모래가 어우러진 해 질 녘 풍경은 용산팔경 중 하나였다.

계절마다 이곳의 풍경은 달랐다. 여름이면 시민들이 물놀이와 강수욕을 즐기는 피서지가 되었고, 겨울이면 강이 얼어 스케이트장이 되었다. 모래밭 위로 펼쳐진 텐트, 강가에서 구워 먹는 생선 냄새, 얼음 위를 달리는 아이들 웃음소리가 이곳의 시간을 채웠다.

그러나 근대 이후 여의도는 급격한 변화를 겪었다. 일제강점기, 한강에 인공 제방이 세워지며 여의도와 노들섬이 '나카노시마(中之

島)'라는 이름의 섬으로 공식 분리되었다. 1968년 한강 개발과 여의도 개발 계획이 시작되면서 윤중제가 쌓이고 성토 작업으로 섬이 높아졌으며, 원래 3.3배에 달하던 면적은 1/3로 줄었다.

이 과정에서 인근의 밤섬과 선유봉도 사라졌다. 밤섬은 폭파되면서 주민들은 강제로 삶의 터전을 떠나야 했으며, 아름답던 모래사장은 물길로 바뀌었다. 선유봉은 돌을 채취하는 바람에 봉우리가 사라져 섬이 되었고, 이후 '선유도'로 불리게 되었다. 밤섬·여의섬·선유봉이 한강 위에 어우러지던 장관은 사라지고, 반듯한 제방과 직선화된 물길만 남았다.

오늘날 여의도와 노들섬, 밤섬을 바라보면 사라진 옛 풍경이 한강 물길 위에 겹쳐진다.

믿음과 희생의 자리, 양화진과 잠두봉

양화대교 아래 강바람이 세차게 불어온다. 물결은 교각에 부딪혀 부서지고, 저만치 언덕 위에는 십자가와 기념관이 서 있다. 바람에 실려 오는 강물 냄새와 종소리, 그리고 이름 모를 새들의 울음 속에서 이곳이 믿음과 희생이 새겨진 자리임을 알 수 있다.

한강 하류에서 배를 타고 올라온 뱃사람과 상인, 그리고 조선을 찾아온 선교사와 외국 사절까지, 모두가 거쳐 간 곳이 양화진이었다. 서해와 한강을 잇는 물길의 마지막 거점, 동시에 개항 이후 세계와 마주한 첫 관문이 바로 이곳이었다. 마포나루와 나란히 조선 3대 나루로 손꼽히던 양화나루에 강화와 김포, 통진에서 실어온 쌀과 젓

갈, 땔감이 쌓였고, 배가 닿는 순간 강변은 곧 장터로 변했다. 삿갓을 눌러쓴 뱃사람과 광주리를 이고 선 여인들의 발걸음은 이곳에서 한양도성으로 이어졌다.

양화진은 장사와 교역의 길목만은 아니었다. 1882년 조미수호통상조약 체결 뒤 이곳에 들어선 외국인 묘지는 조선의 변화를 상징한다. 언더우드, 아펜젤러, 스크랜턴과 같은 초기 선교사들이 잠들어 있는 묘역은 조선에 처음으로 교육과 의료, 복음의 씨앗을 심은 자취이자 믿음으로 헌신한 이들의 마지막 안식처였다.

양화진 언덕에 묻힌 선교사들은 학교를 세우고 병원을 열어 조선 사람들에게 새로운 지식을 나누고, 낯선 의술로 생명을 구했다. 배재학당, 이화학당, 정동제일교회, 새문안교회, 세브란스병원은 모두 이들의 헌신 속에서 태어난 이름들이다.

양화진은 서양문물이 한강 물길을 타고 들어온 현장이었다. 외국 상선이 닻을 내리고, 새로운 물자와 사상이 서울로 흘러 들어왔다. 증기선의 뱃고동은 나룻배 노 젓는 소리와 겹쳐 울렸고, 전신과 철도, 인쇄술 같은 낯선 기술들이 이곳을 지나 한양으로 스며들었다.

그러나 변화는 늘 순탄하지 않았다. 개항 뒤 이국의 문물이 쏟아져 들어오던 만큼 외세의 그림자도 드리워졌다. 양화진 나루를 통해

잠두봉으로 불린 절두산 순교성지

 외국 군함이 정박했고, 조선은 점점 치열한 세계 질서의 한복판으로 내몰렸다. 뱃사람들의 고단한 노동과 장터의 활기는 제국주의가 몰고 온 파고 앞에서 언제든 흔들릴 수 있는 삶의 불안을 드러냈다.
 일제강점기에도 양화진은 특별한 의미를 가졌다. 이곳을 드나든 상인과 노동자들, 그리고 선교사와 지식인들은 각자의 방식으로 시대의 억압을 견뎌냈다. 외국인 묘지 곁을 지나던 조선 사람들에게 낯선 묘비는 억압 속에서도 변화를 꿈꾸던 시대의 상징처럼 보였을 것이다. 강물은 그들의 눈물과 희망을 함께 품고 흘러갔다.

  오늘날 양화진은 더 이상 포구와 장터의 북적임은 없다. 대신 '양화진 외국인 선교사 묘원'과 기념관이 그 자리를 지키고 있다. 이곳을 찾는 이들은 묘역을 거닐며 백여 년 전 조선을 향해 생을 바친 이들의 이야기를 마주하고, 동시에 근대사의 시작을 되새긴다. 나루와 장터의 흔적은 사라졌지만 그 자리에 기억과 기도가 켜켜이 쌓여 있다.

  양화진 강가를 조금 더 오르면 잠두봉이 있다. 원래는 누에머리를 닮았다 하여 불린 이름이지만 1866년 병인박해를 거치면서 이곳은 대규모 참수형의 장소가 되었다. 병인박해는 흥선대원군이 천주교를 서학이라 부르며 강력히 탄압한 사건으로, 조선 천주교 역사상 가장 큰 박해였다. 당시 조선 최초의 사제 김대건 안드레아 신부가 이미 새남터에서 순교한 뒤였지만, 이후에도 교세는 확산되고 있었다. 흥선대원군은 이를 경계하며 프랑스 선교사 12명 중 9명을 포함해 수많은 신자들을 체포해 처형했고, 전국적으로 8천여 명이 순교한 것으로 전해진다. 잠두봉은 이때 신자 수백 명이 참수당한 현장이었다. 이 때문에 원래 '잠두봉(蠶頭峰)'이던 이름은 '절두산(切頭山)'으로 바뀌었다.

같은 해 10월에는 프랑스 극동 함대가 병인박해로 강화도를 공격했다. 이것이 병인양요다. 프랑스 함대는 양화진과 절두산 인근까지 진입해 한강 방어선과 교전했고, 조선군은 강화성 전투에서 큰 피해를 입었다. 이 전투로 프랑스군은 조선의 외규장각 도서와 왕실 의궤 등을 약탈해갔으며, 오늘날까지 반환 문제가 이어지고 있다.

절두산의 참혹한 현장은 시간이 흘러 순교성지가 되었다. 1966년 병인박해 100주년을 맞아 '절두산순교자기념관'과 성당이 세워졌고, 지금은 순교자들의 신앙을 기리는 장소로 남아 있다. 언덕 위에 김대건 신부 동상이 서해를 향해 서 있는데, 이는 조선 교회의 시작과 박해, 그리고 세계로 향하는 신앙의 길을 상징한다.

양화진과 잠두봉은 한강의 뱃길 속에 겹겹의 의미를 품은 공간이다. 상인들의 흥정과 외국 사절의 발걸음, 선교사의 기도와 순교자의 피가 모두 이 물길에 스며들어 흐른다.

용산강에서 바라본 양화진

한강이 기억하는 섬, 난지도·선유봉·밤섬

한강 북안, 망원정 아래 물길이 크게 휘돌아 감싸 안던 섬이 있었다. 남쪽으로 홍제천, 북쪽으로 성산천, 동쪽으로 난지천이 둘러싼 너른 범람원. 600년 전 사람들은 이곳을 '중초도(中草島)'라 불렀다. 이름 그대로 '섬 가득 풀꽃이 피어 있는 곳'이라는 뜻이었다. 〈대동여지도〉와 〈경조오부도〉에도 그 이름이 선명히 기록되었고, 후대에는 난초(蘭)와 지초(芝)가 향기롭게 피는 곳이라는 뜻으로 '난지도(蘭芝島)'라 불렸다.

갈대숲이 빽빽하고 봄이면 들꽃이 흐드러졌으며, 여름에는 물안개가 허리춤까지 피어올랐다. 땅콩과 수수가 잘 자라는 기름진 토지

1948년 서울 영등포구 당산동 쪽에서 바라본 옛 선유봉. 1948년 미군 노브-페이 사진, 김천수 서울용산학연구센터장 제공

안양천에서 바라본 염창산과 멀리 보이는 난지도, 1948년 미군 노브-페이 사진, 김천수 서울용산학연구센터장 제공

였고, 강물 따라 고기가 몰려드는 천혜의 어장이었다. 강 건너 양화진과 공암진을 잇는 나룻길이 이 섬을 스쳐 지나갔다.

1948년 10월, 미군 노브와 페이 부부가 찍은 사진 속에는 아직 평화로운 난지도와 선유봉의 풍경이 남아 있다. 당산동 쪽에서 바라본 선유봉은 두 개의 봉우리를 이루었는데, 동봉은 나무가 우거져 있었고 서봉은 일제강점기부터 채석장으로 쓰이며 나무가 드물었다. 봉우리 아래로는 초가집이 옹기종기 모여 있었고, 그 앞으로는 백사장과 넓은 밭이 펼쳐졌다. 강물은 푸르게 빛났고, 돛단배가 한가로이 떠 있었다. 이곳 선유봉은 예로부터 한강의 명승지로, 잠두봉(절두산)과 마주하며 중국 사신을 맞이하던 뱃놀이 접대처였다. 겸재 정선은 이곳을 '선유봉'과 '양화환도'로 화폭에 담았고, 사대부들은 수십 편의 시문을 남겼다.

그러나 이러한 풍경은 오래가지 않았다. 20세기 후반, 난지도는 서울의 쓰레기 매립지로 변했고, 선유봉은 미군과 군사정권 시기 채석과 개발로 산이 깎였다. 하루 1만 톤이 넘는 생활폐기물이 15년 넘게 난지도로 쏟아졌고, 선유봉은 제2한강교(양화대교) 공사와 함께 높이가 깎여 나갔다. 꽃섬과 명승지는 사라졌고, 대신 쓰레기산과 낮은 언덕이 강변에 자리했다.

하지만 두 곳 모두 완전히 잊히지는 않았다. 2002년 월드컵을 앞두고 난지도는 하늘공원과 난지한강공원으로, 선유봉은 선유도공원으로 재탄생했다. 억새밭과 산책로, 수질정화원과 전망대가 들어서며 시민들의 발길이 이어지고 있다.

난지도에서 강을 따라 동쪽으로 가면 한강 한가운데 길게 누운 섬 하나가 있다. 이름하여 밤섬. 섬의 모양이 반달처럼 생겼다 하여 '반월도'라 불리기도 했고, 밤나무가 많아 '밤섬'이라는 이름이 자리잡았다. 조선시대부터 밤섬은 배 만드는 기술자와 목수가 모여 살던 마을이었다. 한양의 군선과 세곡선을 만드는 조선소가 이곳에 있었고, 한강 수운과 방어를 동시에 담당하는 중요한 거점이었다.

그러나 밤섬의 운명은 1968년 한순간에 바뀌었다. 여의도 개발과 한강 준설 계획으로 인해 섬 주민들은 강제로 이주했고, 섬은 폭파·준설되어 사라졌다. 섬 위의 집과 나무, 사람들의 삶은 한강 속 모래와 함께 흘러갔다. 이후 밤섬은 일부 모래톱과 수풀만이 남아 철새들의 서식지가 되었고, 지금은 생태 보호구역으로 지정되어 사람의 발길을 막고 있다.

난지도와 밤섬은 서로 다른 시기에 다른 이유로 사라졌지만, 한강 속 섬들이 도시의 변화와 개발 속에서 어떤 운명을 맞았는지 잘 보여준다. 난지도는 쓰레기 매립지에서 녹색공원으로 재탄생했지만, 밤섬은 사람의 발길이 닿지 않는 철새의 섬으로 변했다.

 한강 속에서 꽃이 피고, 배가 오가고, 사람들이 살아가던 두 섬은 이제 전혀 다른 모습으로 서울의 기억 속에 남아 있다. 난지도 억새밭 위로 불어오는 바람 속에 옛 갈대숲이 스치고, 여의도 강변에서 바라본 밤섬 위로는 기러기 떼가 하늘을 가른다.

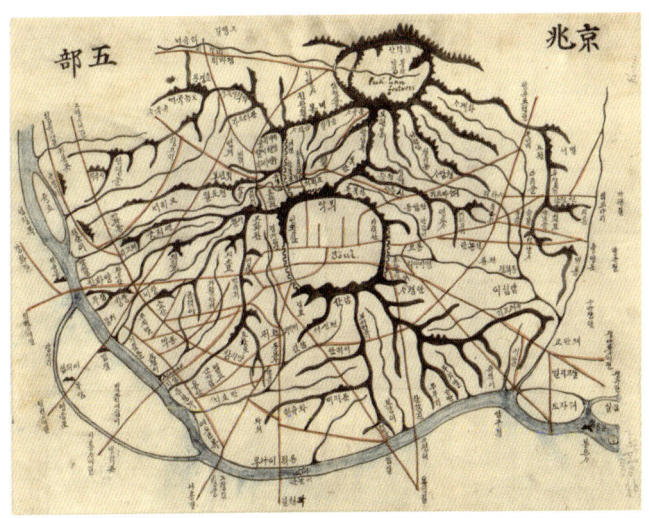
경주오부도_1861년 미국 위스콘신 밀워키 대학 내 지리학회 도서관 소장

5

안양천이 품은 삶의 터전

양천
금천
영등포

겸재 정선의 붓끝이 머문 고을, 양천

 서울의 남서쪽, 도시와 도시 사이를 부드럽게 가르는 물길이 있다. 이름하여 안양천. 고요한 듯 흐르지만 그 안에 흙냄새와 사람의 숨결, 기억과 회복의 서사가 고스란히 스며 있다. 바람이 흔드는 갈대숲 너머로 백로 한 마리가 날아오르고, 산책길 옆으로 들꽃이 자란다. 이곳은 서울로 향하는 또하나의 강이자 도시의 속도를 잠시 멈추게 하는 물의 쉼터다.

 안양천은 관악산 자락에서 발원한 학의천과 삼성천이 하나로 합쳐져 만들어진다. 거대한 물길이자 한강과 만나는 안양천 좌·우로 금천(衿川)과 양천(陽川)이 있다.

이 물길은 금천과 구로, 영등포 지나 서울의 품으로 들어선다. 지금은 산책로와 자전거길로 정비된 친수공간이지만 예전엔 이 물길도 아팠다. 하수와 폐수가 뒤엉킨 채 '죽은 강'으로 불리던 시절, 안양천은 도시의 뒷모습이었다.

그러나 시간은 물처럼 흘러 흙탕물은 다시 맑아지고, 쓰레기 더미 속에서도 생명이 살아났다. 물길은 복원되었고, 생태는 되살아났다. 다시 찾아온 새와 꽃, 그리고 사람. 안양천은 회복의 강으로 거듭났다.

600년 전 안양천은 한양으로 들어가는 작은 물류의 통로였다. 남쪽 들녘의 농산물이 이 길을 따라 오갔고, 뗏목과 인력선은 짐과 사람을 나르며 삶을 잇는 끈이 되었다.

이후 일제강점기와 한국전쟁을 거치며 안양천은 격동의 한복판에 놓인다. 특히 1960~70년대, 구로공단과 시흥공단이 세워지며 이 하천을 중심으로 도시가 확장되었다.

구로와 금천, 가산과 시흥. 안양천이 지나간 자리는 곧 산업화의 현장이자 이주의 무대였다. 전국에서 올라온 노동자들이 이 물길을 따라 삶의 터전을 일궜고, 노동자들의 기숙사와 철공소, 재개발 이전의 판자촌이 물가에 줄지어 있었다. 안양천은 곧 땀과 눈물의 강

서울시 유일한 향교, 양천향교

이었다.

  하지만 변화는 다시 찾아왔다. 오염된 물을 정화하고, 콘크리트 제방을 허물고, 갈대와 버드나무를 다시 심으며 강은 다시 살아났다. 도시재생과 생태복원의 흐름 속에서 안양천은 '살아 숨쉬는 물길'로 변모했다. 오늘날의 안양천은 시민과 생명, 산업과 생태가 공존하는 복합적 경관의 현장이다.

  강이 다시 살아나듯 이 땅의 기억과 정신도 함께 깨어난다. 양천구 신월동 골목 안 분주한 대로에서 한 발짝만 물러서면 공기부터 달라진다. 산자락 따라 올라간 언덕 위 오래된 기와지붕 하나가 조용히 고개를 내민다. 양천향교다. 오늘날엔 그저 도심 속 숨은 문화재처럼 보일지 모르지만 이곳은 한때 양천 고을의 정신적 중심이자 배움과 예의가 살아 숨쉬던 유교 문화의 요람이었다.

  공자와 유학의 성현들에게 제를 올리는 대성전, 유생들이 글을 읽고 예의를 익히던 명륜당, 그리고 유생들의 거처인 동재와 서재. 조선시대 지방향교의 전형적 구조를 그대로 간직한 양천향교는 마치 시간의 박물관처럼 고요한 품을 지니고 있다.

서울 서남부, 한강과 안양천이 만나는 옛 '양천현'은 600년 전 행정과 교육, 물류의 중심지였다. 오늘날 양천구와 강서구 지역에 걸친 이곳은 한강 수운의 요충지로서, 강변 장터와 나루터에는 상인과 뗏목꾼, 농민이 모여들었다.

양천향교는 궁산(宮山) 자락에 자리해 서울에 남은 유일한 향교다. 조선시대에 설립된 지방 국립교육기관으로, 양천에서 그 역할을 하였다. 궁산이라는 이름은 산자락에 공자의 위패를 모신 양천향교가 있어 '궁'(宮)이라 불린 데서 유래했다. 양천향교는 명륜당, 서재·동재, 그리고 대성전으로 이루어져 있는데, 산을 끼고 있는 지형적 특성상 대성전은 명륜당 뒤 높은 곳에 위치한다.

궁산 능선 위에 테뫼식 산성인 양천고성이 자리한다. 수도 방어의 요충지였던 이곳은 임진왜란 당시 관군과 의병이 진을 치고, 한강 건너 행주산성의 권율 장군과 협력해 왜적을 물리친 역사의 현장이다.

당시 양천은 한양에서 멀지 않으면서도 독립된 문화적 생태계를 지닌 고을이었다. 한강을 사이에 두고 도성의 중심과는 다른 결을 가진 지역 공동체가 있었고, 그 중심에 늘 향교가 있었다. 유학을 배우려는 젊은이들, 계절마다 석전대제를 준비하던 유림들, 마을 아이들을 데려와 예절을 가르치던 어르신들. 이곳은 마을 전체가 배움과 덕을 함께 나누던 공간이었다. 지금은 교육 기능을 내려놓고 문화재로 존재하지만 양천향교의 대청마루를 걷다 보면 아직도 도포 자락 스치는 소리가 들리는 듯하다.

겸재정선미술관이 있는 지역에는 '겸재로'라는 도로명이 붙어 있다. 현대 도시의 이름표 같은 이 간판 속에 조선의 예술혼이 깃들어 있다.

겸재 정선(謙齋 鄭敾)은 단지 뛰어난 화가만은 아니었다. 그는 문사로서의 품격도 함께 지닌 인물이었으며 관직에 있으면서도 지역의 교육과 문화에 깊은 애정을 쏟았다. 그가 향교에서 유생들과 나눈 시문과 사색은 그의 그림 속 풍경만큼이나 깊이 있는 인문적 정신의 기반이 되었을 것이다.

겸재 정선은 붓으로 산천을 그리던 화가였지만 동시에 고을을 다스리던 행정관이었다. 그는 한양도성 안 백악산과 인왕산 사이에서 태어나 생애 후반 다시 이 고장으로 돌아와 현령으로 백성들과 마주했다. 그의 삶은 예술과 정치, 두 세계의 길 위에 놓여 있었다. 그림을 그리던 손이 관복을 입고 백성의 삶을 어루만지던 순간들. 그의 행정은 진경산수화처럼 정교하고 따뜻했다.

겸재 정선은 1740년부터 5년간 양천현령으로 재임하며 행정가로서 백성들과 호흡했고, 지역의 문화와 교육에도 깊은 관심을 기울였다. 그의 삶은 예술과 정치, 두 길 위에서 빚어진 깊은 교감이었다. 양천현아지에서 그는 『경교명승첩』과 『양천팔경첩』을 남겼다. 『양천팔경첩』은 양천현 인근의 아름다운 여덟 곳을 선정해 그린 것으로, 오늘날 1000원권 지폐 뒷면에 실린 〈계상정거도〉 또한 이 시기의 작품이다.

이와 함께 그가 남긴 〈행호관어〉는 안양천이 한강으로 흘러드는 지점의 풍경을 담은 그림으로, 고요한 수면 위를 유영하는 물고기와 강변 마을의 정취를 함께 담아냈다. 이 작품은 행정가로서 지역을 다스리던 눈과 예술가로서 자연을 관조하던 마음이 한 화폭에 어우러진 기록이자 한강과 양천의 삶을 생생히 증언하는 문화유산이다.

겸재 정선은 벗 이병연과 시와 그림을 주고받으며 깊은 교유를 나누었는데, '시화환상간(詩畫換相看)', 곧 시와 그림을 서로 바꾸어 감상하는 방식으로 많은 작품과 기록을 남겼다. 〈안현석봉〉은 양천현의 진산인 파산(巴山)에 올라, 지금의 이화여대 뒷산인 안현(鞍峴, 갈마재)에서 올려다본 저녁 봉화불을 담은 그림이다.

계절의 맛 참으로 좋은 때
발 걷고 오르니 산빛이 저물었구나
웃으며 바라본 한 점 별 같은 불꽃
양천의 밥 배불리 먹는 기쁨이로다

이 글은 이 작품을 보고 이병연이 남긴 시다. 정선의 그림과 이병연의 시가 서로를 비추며, 양천의 산과 강, 그리고 그 속에 살던 사람들의 숨결은 오늘날에도 생생히 살아난다.

소악루(小岳樓)는 겸재 정선이 즐겨 찾던 전망대로, 중국 동정호의 악양루와 견줄 만한 경치를 자랑한다. 여기서 바라본 목멱산 일출 〈목멱조돈〉은 그의 작품 중에서도 대표적이다.

겸재의 작품들은 300년 전 한양과 양천의 옛 모습을 오늘에 전한다. 그는 인왕산 수성동계곡의 돌다리 기린교, 인왕산의 비 개인 풍경 〈인왕제색〉, 한강의 돛단배와 남한산성 모습까지 한 점 한 점 현실 속 풍경으로 그려내어, 오늘날 우리에게 과거와 현재를 잇는 감동을 선사한다.

굵은 선으로 강하게 눌러 그리지 않는 그의 화풍처럼 행정도 자연의 결을 따라가듯 섬세하고 조화롭게 펼쳤다고 전해진다. 가혹함보다 이치와 질서를 중시했고 징벌보다는 이해와 교화를 택했다. 마치 그림에서 과장된 이상향이 아니라 실제의 풍경을 그렸듯 그의 정치는 이상보다 현실 속 사람의 삶을 존중하는 방식이었다.

궁산 능선을 따라 오르다 보면 오래된 산성의 흔적이 능선에 남아 있다. 외세의 침입을 대비한 방어기지라기보다는 마을을 감싸고, 물길을 바라보는 낮은 성곽의 자취다. 이곳에서 겸재 정선은 마을을 굽어보았고 동시에 자연을 화폭에 담았을 것이다. 지금도 그가 바라보았을 한강은 흐르고, 저 멀리 도심의 윤곽이 풍경처럼 펼쳐진다.

그의 시선은 능선에서 시작되어 강 따라 흐르고, 산의 곡선을 따라 움직이며 나무와 바위에 머문다. 이 자연의 흐름은 고스란히 그의 진경산수화에 담겨 있다.

양천은 재건축과 재개발의 파고 속에서도 '옛길'을 되새기며 새로운 삶의 결을 만들어가고 있다. 안양천 따라 산책로를 걷는 시민들, 어린아이의 자전거 바퀴가 찍히는 진흙길, 오래된 느티나무 아래 앉아 있는 노인들. 이들의 일상은 겸재 정선이 보았던 풍경과 그리 다르지 않다. 시간은 흘렀지만 삶은 여전히 그 강 따라 흘러간다.

행호관어_겸재 정선_간송미술관

안현석봉_겸재 정선_간송미술관

그렇기에 양천은 여전히 살아 있는 이름이다. 강 따라 걷는 우리는 단지 걷는 것이 아니라 그 옛날 고을 사람들이 남긴 발자국을 따라 걷고 있는 것이다. 땅의 결을 따라 이어진 기억은 도시의 층위 속에서도 지워지지 않는다. 그리고 그것이야말로 한 도시가 진짜 살아 있는 이유다. 양천은 지금도 안양천의 물결처럼 조용히 흐르고 있다.

1872년 양천현지도, 서울대 규장각

강과 시간이 만나는 땅, 금천

 아침 햇살이 안양천 둔치를 부드럽게 감싸면 강가에 서 있는 오래된 공장 굴뚝이 옅은 연기를 내뿜는다. 회색빛 벽돌 건물들 사이로 쏟아져 나오는 사람들의 발걸음과 차량 소리가 뒤섞이고, 산책로에선 자전거를 타는 아이들의 웃음소리가 강바람에 실려 온다. 한편에는 번쩍이는 유리 건물들이 솟아오르고, 그 너머 오래된 시장 골목과 낡은 담벼락이 묵묵히 자리를 지킨다. 금천은 이처럼 시간의 겹을 겹겹이 쌓아 올린 변함없는 삶의 터전이다.
 금천은 조선시대부터 자연과 사람, 물과 광물이 어우러진 땅이었다. 한강과 안양천이 만나는 물길의 중심부로서 '물과 광물의 고을'

이라 불렸고, 이곳에서 생산된 철과 점토는 당시 한양의 군수산업을 받치는 중요한 자원이었다. 산과 강이 빚어낸 지형은 사람들의 길이 되었고, 수운을 통한 물자와 사람의 이동이 활발했다.

무엇보다 금천은 '시흥'이라는 이름으로 불리며 오랜 세월 한양의 남쪽 관문 역할을 했다. 정조 때 시흥현은 지금의 금천과 광명을 아우르는 고을이었고, 한강과 서해로 통하는 길목에서 세곡(稅穀)과 물자의 집산지 역할을 했다. 안양천 따라 내려온 곡식과 물품은 금천을 거쳐 다시 한양으로 들어갔다. 금천의 시장과 장터는 늘 사람들로 붐볐고, 물길을 따라 다양한 문화가 교차했다.

또한 금천은 서울 서남쪽 경계로서 군사적 요충지 역할을 수행했다. 호암산성과 진지가 산악 지형에 세워져 한양을 방어하는 전초기지가 되었고, 임진왜란과 병자호란의 격동기에 주민과 군사가 힘을 모아 나라를 지켰다. '경계를 지키는 마을'로서 금천은 조선시대 삶과 국방 모두에 중요한 의미를 품었다.

600년 넘는 세월 동안 금천은 '공업과 수운의 땅'으로도 이름을 남겼다. 조선 후기 도공과 철공이 활발히 활동하며 기와, 토기, 무기 제작이 이루어졌고, 이는 한양의 생활과 국방을 떠받쳤다. 지금도 금천 곳곳의 지명과 옛 터에는 이런 기억이 남아 있다. 예컨대 시홍대로와 독산동 일대에 오래된 우물과 공방의 흔적이 남아 있으며, 지역 주민들은 이를 마을의 뿌리로 기억한다.

근대에 들어 금천은 또 다른 전환기를 맞는다. 일제강점기에 철도와 도로가 놓이면서 공장과 창고가 들어서기 시작했다. 전통적 농경지와 마을 풍경은 점차 산업지대로 변해갔다. 그러나 그 속에서도 마을의 제사, 장터의 흥정, 안양천변의 나룻배는 오랫동안 이어졌다.

1970년대 서울의 확장과 함께 금천은 '서울의 외곽'으로 불리며 공장과 하청업체들이 모여들었다. 과거 한적했던 마을은 급격히 산업단지로 변해갔고, 안양천은 한때 폐수와 오염으로 몸살을 앓았다. 하지만 1990년대부터 시작된 복원 사업으로 다시 생명을 되찾아, 지금은 철새가 머무는 강변과 수변생태공원으로 거듭났다.

오늘날 금천은 산업화의 찬란한 빛과 묵묵히 흘러온 강물의 깊은 숨결이 교차하는 곳이다. 강변을 걷는 이들은 새들의 울음과 아이들의 자전거 소리 속에서 평화를 느끼고, 낡은 공장과 골목길에서 수십 년 전부터 이어져 온 마을의 시간을 만난다. 600년 금천은 그렇게 두 시간의 흐름을 품고, 여전히 땅과 사람의 기억을 간직한 채 오늘도 조용히 숨쉰다.

철새가 머무는 생태공원, 안양천

안양천이 품은 포구의 기억, 영등포

 아침 햇살이 한강 하류의 수면 위에 번져나가면 강변을 따라 걷는 사람들의 그림자가 길게 드리운다. 영등포는 강과 함께 태어나고, 강 따라 변해 온 도시다. 한강 물길이 이 땅에 남긴 것은 모래톱과 나루뿐 아니라 시대마다 달라진 사람들의 발자취였다.

 조선시대 영등포는 한양 서남쪽의 수운 거점이었다. 한강 나루터를 중심으로 어물과 쌀, 땔감과 목재가 오가고, 포구 주변에 여인숙과 주막이 들어섰다. '영등포'라는 이름은 매년 봄, 풍어와 무사 항해를 기원하는 영등제를 지내던 포구에서 비롯되었다. 제를 올리는 날이 되면 강변에 사람들이 모여 북과 장구를 울리며 흥겨운 굿판을 벌였고, 연기와 노랫소리가 강물에 스며들어 서해로 흘러갔다.

  영등포 포구는 단순히 물자 교역의 장소만은 아니었다. 한강물길 따라 내려온 배들은 황해도와 강화, 더 멀리 중국과 교역 물품까지 실어 나르며, 이곳을 거쳐 한양으로 들어왔다. 강변의 모래톱에는 자연스레 장시(場市)가 열렸고, 농산물과 수산물은 물론 지방에서 올라온 특산품이 거래되었다. 영등포 장터는 한강 남쪽을 대표하는 시장으로 자리잡아 백성들의 삶을 이어주는 경제의 동맥이었다.

  또한 영등포는 군사적으로도 중요한 요충지였다. 한강 하류를 지키는 수군진이 설치되어 한양으로 향하는 수운길도 감시했고, 임진왜란과 병자호란 때에도 이 일대는 병참 기지 역할을 했다. 강 거슬러 올라오는 적선을 막기 위해 나루와 포구는 자연스러운 방어선이 되었고, 백성들은 군량을 싣고 나르며 국난도 함께 견뎌냈다.

  강변의 풍경은 늘 장삿길과 여행길로 북적였다. 영등포 나루는 남쪽의 과천과 수원, 서쪽의 인천과 강화로 향하는 길목이었기에, 상인과 선비, 관리들이 끊임없이 오갔다. 나룻배를 타기 위해 줄 선 사람들, 장터에 모여 흥정을 벌이는 장꾼들, 그리고 여정의 피곤을 풀기 위해 주막에 들른 나그네들로 강변은 활기를 띠었다. 이곳은 물길 위 길목이자 육로의 연결점으로, '서울의 뒷마당' 같은 공간이었다.

영등포 이름을 남긴 영등제(迎燈祭)는 단순한 제의가 아니라 마을 공동체의 큰 축제였다. 봄바람이 불어오는 날이면 강변에 사람들이 모여 횃불을 들고 풍어와 풍년을 기원했다. 제의가 끝나면 풍물놀이와 줄다리기, 강강술래가 이어졌고, 아이들의 웃음과 장단이 밤새 한강가를 메웠다.

개항기에 영등포는 나루와 포구의 마을에서 산업도시로 변했다. 경인선 철도가 개통되자 이곳은 철길과 수로가 만나는 교통의 요지가 되었다. 강변에 방직공장, 제분공장, 제철소, 조선소가 차례로 들어섰다.

특히 한강물길은 산업 발전의 젖줄이 되었다. 1930년대에 세워진 OB맥주 공장은 맑은 물을 끌어다 쓰며 국내 맥주 산업의 요람이 되었다. 그 일대는 노동자와 주민들의 삶으로 가득 찼다. 오늘날 공장 터에 세워진 거대한 증류솥은 영등포가 지닌 근대 산업사의 흔적이자 한강물길과 함께 살아온 사람들의 기억을 상징한다.

영등포 OB맥주 공장터에 새겨진 증류솥 상징물

6

경계의 물길, 임진강

파주
장단
고양

임진강과 한강이 만나는 땅, 파주

 양화진에서 한 줄기 물길 따라 내려가면, 창릉천과 만나는 덕양산이 고요히 모습을 드러낸다. 만조가 되면 강화도 바닷물이 성 아래까지 밀려와 강변은 잔잔한 호수처럼 '행호(杏湖)'라 불리는 고요한 물결로 변한다. 이곳 강물 속에서 봄의 진미, 임금님의 수라상에 올랐던 귀한 웅어가 잡혔다. 4월과 5월, 갈대숲 사이에서 낚아 올린 웅어회는 달고 고소해 오직 파주 교하와 고양 행주에서만 맛볼 수 있는 별미였다.

 임진강은 한강의 첫 번째 지류로, 파주를 거쳐 철원의 한탄강까지 244km를 유려하게 흐른다. 그 물길 따라 크고 작은 산성과 보루가 옹기종기 자리하고 있어서 예부터 군사적 요충지다. 파주 군내면 정자리에 솟은 덕진산성에 오르면 '칠중하'라 불리던 임진강 물길이 겹겹이 펼쳐져, 모래톱과 작은 섬 사이를 유영하듯 흘러간다. 이 겹겹이 이어진 강물은 침입을 막는 자연의 방어선이자 전략적 요충지였다.

임진강은 단순한 강줄기가 아니다. 그것은 국경이며, 경계이며, 역사의 무게를 품은 선이었다. 조선시대 이 땅은 외세의 첫 방어선으로서 파주를 중심으로 펼쳐졌다. 북쪽에서 적이 내려오면 가장 먼저 부딪히는 전초기지였기에 산성과 진보, 보루가 곳곳에 쌓였다.

파주 덕진산성에서 바라본 칠중하 임진강

지금도 덕진산성의 무너진 성벽 너머로 감악산과 운악산이 병풍처럼 펼쳐지고, 그 너머 북녘의 능선이 아련하게 드러난다.

임진강 북쪽, 파주 숲길 따라 걷다 보면 강가 절벽 위에 고요히 자리한 정자 하나가 모습을 드러낸다. 율곡 이이의 화석정(花石亭). 이곳에서 그는 10만 양병설을 외치며 나라의 미래를 걱정했다. 임진왜란을 대비해 정자에 기름칠 하라는 유언도 남겼고, 어두운 밤 선조가 의주로 향할 때 이 정자에서 불 밝혀 길을 비추었다.

이름처럼 꽃과 바위, 물과 하늘이 어우러진 곳이 정자 앞에 서면 발아래로 임진강이 푸르게 흐르고, 눈을 들면 강 건너 민통선 지역의 숲과 능선이 펼쳐진다.

강 너머로 보이는 초평도는 풀과 들이 자유로운 섬이다. 민통선 북쪽에 있어 일반인은 쉽게 접근할 수 없지만 그 너머엔 송악산과 삼각산, 개성과 서울이 경계를 이루고 있다. 정자에서 이 풍경을 바라보면 이곳이 단순한 자연이 아니라 역사의 자리임을 느낄 수 있다. 누군가 이 강을 건넜고, 또 누군가는 그 흐름 앞에서 운명을 고민했다.

화석정은 고려 말 야은 길재의 흔적이 깃든 곳에 율곡 이이의 5대조 이명신이 지은 정자다. 지금도 600년 넘은 느티나무 두 그루가 정자를 감싸고 있다. 이곳에서 어린 율곡은 '팔세부시(八歲賦詩)'를 지었다.

정자에 가을이 드니 생각은 끝이 없고,
멀리 보이는 물은 하늘에 닿아 푸르며,
서리 맞은 단풍은 해처럼 붉구나.

여덟 살의 시라고 믿기 어려울 만큼 깊은 사색이 담긴 시다. 율곡 이이는 강릉 오죽헌에서 태어났지만 파주 율곡에서 자란 후 아홉 번 장원급제하여 도성 안으로 입성했다. '율곡(栗谷)'이란 호도 고향이자 선산이 있는 밤나무골에서 따왔다.

훗날 조정에 들어간 율곡은 가장 먼저 군사력의 부재를 우려했고, '십만양병설'을 주장했다. 강한 군대는 전쟁을 일으키기 위한 것이 아니라 전쟁을 막기 위한 것이라는 그의 철학은 지금까지 회자된다. 하지만 당시 조정은 그의 제안을 받아들이지 않았고 결국 임진왜란을 맞게 되었다.

자운서원은 화석정 뒷길 따라 조금 더 올라가면 나타난다. 율곡의 생가 근처에 자리한 이 서원은 조용한 숲속에 있다. 소나무와 붉은

임진강 초평도 너머 송악산이 보이는 파주 화석정

기와지붕이 어우러져 단아하면서도 고결한 분위기를 자아낸다. 입구의 홍살문을 지나면 강당과 사당이, 뒷길을 오르면 율곡의 묘역이 조용히 펼쳐진다. 절제된 묘역 구조는 율곡이 평생 추구했던 책임감과 절제의 미덕을 닮아 있다.

율곡은 이곳에서 나라의 미래를 걱정하며 글을 썼다. 대표적 저서 『동호문답(東湖問答)』은 34세에 쓴 정치철학서로, 이상적 왕도정치를 문답 형식으로 풀어냈다. 선조가 이 글에 귀를 기울였다면 역사는 달라졌을지도 모른다. 하지만 그 외침은 당파 싸움에 묻혔고, 시대는 그의 뜻을 따르지 못했다.

율곡은 이순신 장군과도 인연이 깊었다. 국방 강화를 조언하며, 두보의 시를 권한 일화는 지금까지 전해진다. 그는 신분과 당을 가리지 않고 능력 있는 사람을 기용하자고 했고, 실제로 조선 방어선 곳곳에 전략을 제안했다. 행주산성, 강화, 남양주 등 그의 흔적은 오늘날까지도 이어지고 있다.

병조판서와 이조판서를 거친 율곡은 피로가 누적되어 결국 49세에 요절한다. 남긴 것은 책과 부싯돌, 그리고 제자들뿐이었다. 그의 묘는 자운서원 뒤 자운산 기슭에 있다. 가을이면 국화꽃이 피고, 지금도 많은 이들이 그 길 따라 걸으며 그의 삶과 철학을 되새긴다.

율곡로는 그가 자주 걸었던 길이다. 파주에서 한양으로 이어지는 그 길을 걸으며 그는 늘 스스로에게 물었다.

'조선은 무너져도 괜찮은가?'

그 질문은 지금 우리에게도 여전히 유효하다.

파주는 한강과 임진강이 서로 품을 여는 자리다. 멀리 개성 방향에서 내려온 임진강은 교하 앞에서 한강과 만나 조강 지나 서해로 향한다. 이곳의 물길은 단순한 합류지가 아니라 고려와 조선, 현대사의 격랑을 모두 견뎌낸 경계이자 길이었다. 고려 말 몽골과 전쟁 때 이 강이 방패가 되었고, 조선시대에 개성·한양을 오가는 수운로로 번성했으며, 한국전쟁 때 참혹한 전선이 되었다.

강변을 따라 걷다 보면 '반구정(伴鷗亭)'이 나타난다. 이름 그대로 갈매기와 벗하며 유유자적 강변을 즐겼다는 곳이다. 세종과 세조 때 재상을 지낸 황희 정승이 말년에 관직에서 물러나 이곳에 머물며 후학을 가르치고 백성과 더불어 살았다. 그는 매일같이 강가로 나가 갈매기 떼와 시간을 보내며 "벼슬은 물러났지만, 백성과 자연과는 평생 벗하리라"는 뜻을 품었다 한다.

황희 정승은 청렴과 온화한 성품으로 백성들에게 존경을 받았다.

오랜 정치 생활 속에서 파벌과 다툼을 겪으면서도 '조화와 화합'을 중시했으며, 임금에게는 직언을, 백성에게는 따뜻한 눈길을 잃지 않았다.

말년에 파주 임진강변에 자리한 반구정에 머물며 벼슬에서 물러났지만 나라와 백성을 향한 마음은 놓지 않았다.

오늘날 전하는 구체적 시문은 남아 있지 않지만 후대의 문인들은 그가 강을 벗 삼아 지냈던 모습으로 기억한다. 허목의 '반구정기'는 그 은거의 의미를 되새겼다.

물러나 강호에서 여생을 보낼 적에는 갈매기와 같이 세상을 잊고, 높은 벼슬을 뜬 구름처럼 여겼으니 대장부의 일로 그 탁월함이 마땅히 이와 같아야 한다.

겸재 정선은 반구정과 임진강의 풍경을 화폭에 담아 후세에 전했다. 그렇게 쌓여온 이야기 속에서 반구정의 갈매기는 단순한 새가 아니라 세속을 초월한 벗이자 그의 정신을 비추는 상징이 되었다.

후대 사람들은 황희를 '성재(成齋)'라 부르며 그의 삶을 기렸고, 반구정은 '덕의 상징'으로 남게 되었다. 임진강 물길 따라 흐르는 바람과 함께 황희, 그 이름은 지금도 오래 기억된다. 반구정에 서면 들려오는 강물의 낮은 울림 속에 백성과 더불어 살고자 했던 그의 다짐이 은은히 되살아난다.

파주 임진강변에 위치한 반구정

끊긴 선로 위의 시간, 장단

민간인 통제선 바로 앞, 철조망 너머로 녹슨 철길이 가느다랗게 이어진다. 표지판 하나 없는 황량한 들판을 가로지르는 이 선로는 한때 경의선이 달리던 길이다. 그 끝자락에 있었던 장단역은 이제 지도 위에서도 찾기 어려운 이름이 되었다.

경의선 철도 복원사업으로 신설된 경의선 열차의 종착역 도라산역에서 북쪽으로 1km지점에 옛 장단역터가 남아 있다. 장단역은 일제표준설계도서에 의해 설계된 역사 건물로 원형이 아직 남아 있다.

임진강 건너 비무장지대(DMZ)에서 장단역 향하는 철교

장단역은 한국전쟁 이전까지만 해도 역세가 매우 컸던 역으로 역 주변으로 장단시가지가 형성되어 있었으며 금융조합을 비롯해 각종 상권이 집중되어 있던 곳이었다. 한국전쟁 이전까지 경의선 장단역에서 북쪽으로 다음역은 봉동역이며 남쪽으로 다음역은 문산역이었다.

장단은 지금의 파주 장단면 일대보다 훨씬 컸다. 임진강과 한탄강, 그리고 예성강이 만나는 삼수이합(三水而合)의 땅이다. 수로와 철로, 고갯길과 강가가 서로 겹치며 오래도록 전략적 요충지로 눈부시게 주목받아왔다. 감악산과 대성산이 병풍처럼 둘러싼 이 길목에 자리한 이곳은 고려와 조선의 국방선이었다. 일제강점기 경의선 철도가 놓이며 대륙과 한반도를 잇는 중추적 거점으로서 얼굴을 갖췄다.

고려시대부터 이 땅은 북방을 지키는 방어선이었다. 조선시대에도 장단진과 대성진 같은 군사 거점이 촘촘히 자리해, 임진강과 한탄강이 만나는 광활한 평야는 적의 침입을 감시하는 최전선이자 병력과 물자가 모이는 집결지였다. 이 강변의 평야 위에 놓인 철길은 일제가 대륙으로 향하는 병참로를 유지하기 위해 깔았다. 장단역은 개성과 신의주를 잇는 중요한 중간 거점으로 번성했다.

일제강점기 말, 장단역은 하루가 다르게 사람과 물자가 쏟아지던 활기찬 현장이었다. 일본군은 이곳을 통해 군수 물자를 운송하며 대륙 침략의 발판으로 삼았다. 주민들도 철도 개통과 함께 도시형 생활로 빠르게 접어들었다. 역 주변은 상점과 시장으로 붐볐고, 조그마한 여관과 식당들은 여행자와 상인들로 북적였다. 장단은 그저 지나가는 길목이 아닌 꿈과 희망이 움트던 살아 숨쉬는 마을이자 작은 도시였다.

하지만 해방 후 장단의 운명은 급변했다. 한국전쟁이 발발하면서 이 지역은 치열한 전쟁터가 되었다. 결국 군사분계선이 이 땅 한가운데를 가로질렀다. 마을은 두 동강이 났고, 수많은 주민이 피난길에 올라야 했다. 남겨진 마을은 폐허로 변했고, 전쟁이 끝난 뒤 장단은 더 이상 살 수 있는 곳이 아니었다. 그렇게 점차 사람들의 기억 속에서도 사라져 갔다.

오늘날 장단은 군사분계선과 비무장지대에 접해 있다. 마을 대부분은 민간인 통제구역에 포함되어 있어 일반인의 출입이 철저히 제한된다. 그럼에도 맑은 날 파주 도라산역이나 도라전망대에서는 장단역 터의 희미한 윤곽이 어렴풋이 눈에 들어온다. 잡초가 무성한 철길 옆에 삐죽삐죽 솟은 콘크리트 구조물과 옛 플랫폼의 잔해들이 먼 풍경 속에 고요히 숨겨져 있다.

도라산역은 경의선 남쪽의 마지막 역이다. '서울에서 평양을 지나 신의주까지'라는 표어가 역사의 벽에 붙어 있지만, 그 열차는 이 역을 넘지 못하고 멈춰 서 있다. 출입통제선을 넘는 철길은 존재하지만 그 위를 지나갈 수 없는 현실, 군사적·정치적 경계가 이 땅을 여전히 단단히 감싸고 있다.

장단은 한국전쟁의 격전지였다. 1951년 장단·사천강 전투는 이곳에서 수많은 병사의 목숨을 앗아갔다. 전투 후 이 지역은 완전히 폐허가 되었고, 주민들은 모두 철수했다. 전쟁이 끝난 뒤에도 장단은 돌아갈 수 없는 땅으로 남았다. 잊히지 않았으나 다시는 돌아갈 수 없는, 사라졌으나 완전히 지워지지 않은 기억의 땅이다.

민통선 안 농사짓는 주민들은 오늘도 조심스럽게 땅을 일군다. 장단은 그들에게 단절의 땅이자 삶의 터전이다. 철책 옆 논두렁을 걷다 보면 아버지의 아버지가 걸었던 길을 떠올리고, 자식들에게 물려줄 땅의 미래를 조심스레 그려본다. 땅은 기억한다. 그리고 사람은 그 기억 위에 삶을 쌓아간다.

무너진 플랫폼과 삐걱이는 철조망, 허공에 걸린 철길과 고요한 평야가 전하는 이야기는 사람마다 다르게 들리겠지만 그 울림은 하나로 모인다. 이곳은 아직 끝나지 않았다는 것, 여전히 살아 있는 장소라는 것이다.

　북녘에서 흘러온 물줄기는 이곳을 지나 남으로 흘러간다. 누구도 막지 못한 흐름, 아무도 통제할 수 없는 자연의 길. 장단은 그 흐름을 묵묵히 바라보고 서 있다.

산과 강 그 경계의 기억, 고양

조선왕릉 40기 가운데 가장 고요한 능이 고양에 있다. 고요하다기보다는 찾아오는 이가 드물어 늘 적막한 것이다. 교통이 불편해 전철도, 버스도 닿기 어렵고, 주변에는 음식점이나 카페 하나 없다. 흔히 왕릉 근처에 즐비한 갈빗집도 이곳만은 예외다. 그래서일까, 서삼릉은 언제나 한적하다.

이른 아침, 승용차로 길을 나선다. 한양도성 서쪽에 나란히 자리한 3기의 왕릉, 그것이 서삼릉(西三陵)이다. 숭례문을 나서 통일로를 따라 연신내역과 구파발을 지나면 삼송역, 그곳부터 서울과 경기의 경계인 고양특례시가 펼쳐진다.

고양특례시 삼송동에서 원당동으로 향하는 길목에 농협대학교가 자리한다. 축구장과 야구장, 테니스 코트가 있는 정문 앞에는 고양 버스 043번이 서삼릉을 향해 달리지만 이른 아침이라 탑승객은 없다. 언덕길을 오르니 드넓은 들판 위로 해가 솟아오르고, 햇살을 머금은 연둣빛 잔디가 양옆으로 끝없이 펼쳐진다. 마치 말이 뛰쳐나올 듯한 풍경이다.

조금 더 가면 한국마사회 원당 종마목장과 농협 젖소개량사업소가 나타나고, 그 사이 길목에 유네스코 세계유산 서삼릉의 정문이 서 있다. 아쉽게도 주차장이 따로 없어 도로변에 차를 세워야 한다.

소현세자가 묻힌 서삼릉 안 소경원과 정자각 터. /국가유산청 국가유산포털 제공

서삼릉에는 네 개의 능과 원이 모여 있다. 중종의 계비 장경왕후 윤씨의 희릉(禧陵), 장경왕후의 아들이자 단 8개월만에 세상을 떠난 인종과 인성왕후의 효릉(孝陵), 힘없는 군주 철종과 철인왕후 김씨의 예릉(睿陵), 그리고 인조의 장남 소현세자의 소경원(昭慶園)이 그것이다.

특히 효릉은 조선왕릉 가운데 가장 오랫동안 일반에 공개되지 않았던 곳이다. 이는 주변 환경의 제약 때문인지 후손이 없었던 까닭인지 지금도 비공개 구역이 많다. 그 가운데 소현세자의 소경원은 병자호란 후 청나라 심양에 끌려가 9년간의 고초를 겪고, 귀국 후 창경궁에서 의문스러운 죽음을 맞은 세자가 묻힌 자리다. 그러나 이곳 또한 여전히 일반에 닫혀 있다.

소경원은 예릉 뒤편으로 한참을 걸어야 닿는다. 왕릉임에도 불구하고 주변은 골프장과 군사지역에 둘러싸여 있어 아쉬움이 크다. 소현세자의 곁에는 인조의 장손 경선군과 경완군의 무덤이 함께 있으나 두 무덤 역시 공개되지 않아 멀리서 눈으로만 조용히 인사할 수 있을 뿐이다.

또한 이곳에는 연산군의 생모 폐비 윤씨의 무덤도 있다. 중종반정으로 연산군이 폐위되면서 그의 어머니 제헌왕후의 작위가 삭탈되고 회릉은 회묘(懷墓)로 격하된 뒤 서삼릉으로 이장되었다. 억울함과 비극이 켜켜이 쌓인 역사의 쓰라린 흔적이 이곳에 남아 있다.

서삼릉의 옛 규모는 지금과는 전혀 달랐다. 한때는 남양주 광릉에 견줄 만큼 넓어 429만7천500여㎡에 달했으나, 현재는 26만4천400여㎡로 줄어들었다. 서오릉을 떠올리면 당시 서삼릉의 광활한 모습이 그려진다. 그러나 지금은 그 자리 위로 골프장, 종마장, 군사시설이 들어서며 능역이 크게 훼손되었다. 일부 구역이 비공개로 묶이면서 찾는 발길이 거의 끊겼고, 교통마저 불편해 방문객은 더욱 드물다. 그 결과 서삼릉은 유네스코 세계유산으로 지정된 조선왕릉 중에서도 가장 심하게 훼손된 곳으로 남아 있다.

특히 소현세자의 묘인 소경원은 하루빨리 자유롭게 개방되어야 한다. 더불어 광명시 노온사동 노온저수지 옆에 있는 소현세자 부인 민회빈 강씨의 묘, 영회원(永懷園)도 이제는 남편 곁으로 옮겨 함께 모실 수 있기를 바란다. 훼손된 서삼릉이 복원되고 새로이 가꾼 숲길 속에서 소현세자와 가족의 능을 함께 걸으며 만날 수 있기를 꿈꾼다.

장면은 경희궁으로 옮겨간다. 궁담길을 따라 걷는데, 여름을 알리는 입하의 비가 새벽부터 쏟아져 그칠 기세가 없다. 비에 젖은 궁 안은 책 속 풍경처럼 고요했고, 인적이 끊긴 경희궁은 쓸쓸하기까지 했다. 그러나 우산을 접고 행각을 따라 걷다 보니 문득 왕과 왕비의 모습을 떠올리게 된다. 왕은 생전에는 궁에 살고, 죽어서는 능에 묻히며, 영혼은 종묘에 머문다. 그렇다면 왕들은 과연 행복했을까? 경희궁에서 태어나고, 경희궁에서 생을 마친 왕에게 조용히 묻는다.

숭정전을 지나 침전으로 향하면 임금의 거처였던 융복전과 왕비의 회상전이 있어야 할 자리에는 이제 건물이 보이지 않는다. 그 대신 꽃계단 화계에 작약이 탐스럽게 꽃망울을 터뜨릴 채비만 하고 있다.

비가 잠시 그친 틈, 서암이라 불리는 바위에서 세찬 물줄기가 쏟아져 내린다. 서암은 왕기가 서린 바위라 하여 광해군 이후 임금들이 이곳에서 나라의 안녕을 기원했다. 태령전에는 영조의 어진이 어른 키만 한 크기로 걸려 있는데, 숙빈 최씨의 아들이자 조선 21대 왕인 영조의 위엄이 담겨 있다. 그렇다면 그의 아버지 숙종은 어떤 군주였을까.

숙종은 현종의 외아들로 13세의 어린 나이에 즉위해 60세까지 재위한 조선 19대 임금이다. 3명의 왕비와 더불어 살았으며, 희빈 장씨와 숙빈 최씨 사이에서 태어난 두 아들을 왕위에 올린 강한 군주였다. 끊임없이 정치적 위기에 직면했지만 지혜롭게 국면을 전환하며 '환국의 시대'를 이끈 위기의 리더이기도 했다.

숙종은 인왕산 기슭 경희궁에서 태어나, 회상전에서 첫 울음을 터뜨리고 융복전에서 숨을 거두었다. 이름 그대로 '상서로움이 모인다'는 회상전과 '복이 융성한다'는 융복전이 그의 생과 죽음을 함께한 전각이었다. 그는 서궐인 경희궁에서 태어나 그곳에서 삶을 마감한 왕이었다.

죽음은 곧 능으로 이어졌다. 숙종의 능은 서오릉 안의 명릉(明陵)이다. 이름처럼 산이 병풍처럼 둘러싼 명당에 자리 잡고 있다. 숙종과 계비 인현왕후 민씨는 쌍릉으로 계비 인원왕후 김씨는 단릉으로 서로 마주 보며 누워 있다. 정비 인경왕후 김씨는 20세에 천연두로 세상을 떠나 홀로 익릉(翼陵)에 묻혀 있다. 넓은 공간에 홀로 누운 모습은 더욱 쓸쓸하다. 그 곁에는 후궁에서 왕비가 되었다가 폐위되어 사사된 희빈 장씨의 무덤, 대빈묘가 있다. 1969년 광주에서 이장된 이 무덤은 왕의 곁에 놓였으나 '폐비의 자리'라는 아이러니를 품고 있다.

서오릉은 그 자체로 특이하다. 왕과 왕비의 능, 세자와 세자빈, 후궁의 원, 그리고 폐비의 묘까지—'능·원·묘'가 나란히 한 자리에서 공존한다. 왕릉에서 보기 드문 기이한 풍경이다.

그렇다면 왜 왕릉은 경기 지역에 집중되어 있을까. 조선의 왕릉은 총 42기. 모두 능법에 따라 한양도성 성저십리를 벗어난 곳에 조성되었다. 한강 건너 광주의 선정릉과 헌·인릉, 동쪽 남양주의 동구릉과 광릉, 여주의 영릉(英陵)·영릉(寧陵), 고양의 서오릉과 서삼릉, 파주의 삼릉과 장릉, 김포 장릉이 모두 그 예다. 수원의 융·건릉, 개성의 제릉과 후릉 역시 원래는 경기 지역으로 분류된다. 더 멀리 강원 영월의 장릉까지 포함해 현재 대한민국에 남아 있는 40기의 조선왕릉이 유네스코 세계유산에 등재되어 있다.

왕은 살아서는 도성 안의 궁궐에 머물지만 죽어서는 도성 밖 능에 들어가 궁궐과 닮은 영원한 안식을 누린다. 능에는 무덤 옆으로 재실과 제향을 올리는 정자각이 있고, 홍살문을 지나 향로와 어로를 따라 들어가면 정교하게 새긴 비문이 서 있다.

능의 자리는 언제나 배산임수의 남향에 자리 잡아 햇살이 머물고 숲이 우거진 명당이다. 소나무와 참나무, 그리고 계절마다 피어나는 전통 꽃들이 어우러진 왕릉은 거대한 수목원이자 지붕 없는 박물관이다. 봄에는 새순이 돋아 생명이 움트고, 여름이면 숲이 짙어지고, 가을에는 붉은 단풍이 능선을 물들인다. 겨울에는 흰 눈이 능을 덮어 또 다른 장엄한 풍경을 보여준다.

왕릉은 계절마다 다른 옷을 입으며, 그 속에서 왕들의 삶과 죽음, 역사의 시간까지 함께 숨 쉬고 있다.

비가 그친 뒤의 서오릉은 커다란 정원 같다. 계곡을 타고 흐르는 물소리와 숲에서 울려 퍼지는 새소리가 능역을 감싸고, 빗물을 머금은 연둣빛 잎은 더욱 짙은 초록으로 변한다. 고요 속에도 사람들의 발길은 끊이지 않고 이어진다.

숙종의 묘역 한편에는 그가 평소 아끼던 고양이 '금손(金孫)'이 함께 묻혀 있다. 왕과 길을 함께한 작은 생명까지 품어낸 자리가 더욱 특별하게 다가온다.

한양도성 안의 궁이 멀게 느껴진다면, 한양도성 밖 능으로 발걸음을 옮겨보는 것은 어떨까.

서삼릉의 고요 속에는 조선 왕들의 삶과 죽음이 겹겹이 쌓여 있다. 그러나 고양은 침묵만 품은 도시가 아니다. 역사의 함성이 울려 퍼진 전장 또한 이곳에 있다.

이순신과 권율, 두 장군의 이름은 누구나 알고 있다. 국난의 순간마다 소환되는 인물, 민족의 상징이 된 장수들이다. 이순신 장군의 충렬사나 아산 현충사는 수많은 이들이 찾지만, 임진왜란 3대첩 가운데 하나인 행주대첩의 무대, 덕양산과 행주산성은 의외로 낯설다. 행주산성이라는 이름은 익숙할지라도, 그곳이 서해에서 서울로 이어지는 목구멍 같은 길목이었고, 일본군의 퇴각을 이끈 승전의 현장이었다는 사실은 잊힌 지 오래다.

행주산성에서 창릉천을 거슬러 올라가면 서오릉과 벽제관에 닿는다. 바로 이 벽제관에서, 432년 전 임진왜란 이듬해 조명연합군은 일본군과 맞섰으나 패배하고 말았다. 그때 바다에는 이순신이, 육지에는 권율이 있었다. 류성룡이 선조에게 천거한 두 장수는 서로 서신을 주고받으며 위기의 나라를 지켜냈다. 권율은 이치대첩과 독산성 전투, 그리고 행주대첩에서 승기를 잡으며 조선의 마지막 희망을 일으켜 세웠다.

권율은 도성 안도, 행주도 아닌 강화에서 태어났다. 바닷길과 한강 물길을 누구보다 몸으로 체득하며 자란 그는 강화 갑곶과 염하, 임진강과 한강이 만나는 교하, 그리고 행주산성까지의 지형을 꿰뚫고 있었다. 그런 그가 행주대첩에서 보여준 전략은 단순한 전술이 아니라, 어린 시절 몸에 밴 물길의 기억에서 비롯된 것이었다.

 곡창지대 전라도를 사수한 이치대첩, 오산 독산성의 승리로 모여든 병사들, 백의종군 형 권순과 승장 처영이 이끈 승군까지 관군과 승군 2천300명은 권율의 깃발 아래 모였다. 그리고 1593년 2월, 3만 일본군의 7차례 공격을 단 하루 만에 막아내며, 한강을 지키는 최후의 희망이자 기적 같은 승리를 만들어냈다. 화차와 비격진천뢰, 신기전과 천자총통이 불을 뿜고, 숨은 영웅 정걸 장군이 몰고 온 배 두 척과 수만 발의 화살이 전세를 바꾸었다.

 오늘 덕양산 정상에는 행주대첩비와 덕양정이 우뚝 서 있다. 산바람에 실린 그날의 함성은 여전히 한강을 따라 번져가며, 역사의 메아리처럼 지금도 고요를 흔든다.

숙종과 두 왕비가 함께 잠든 서오릉의 명릉

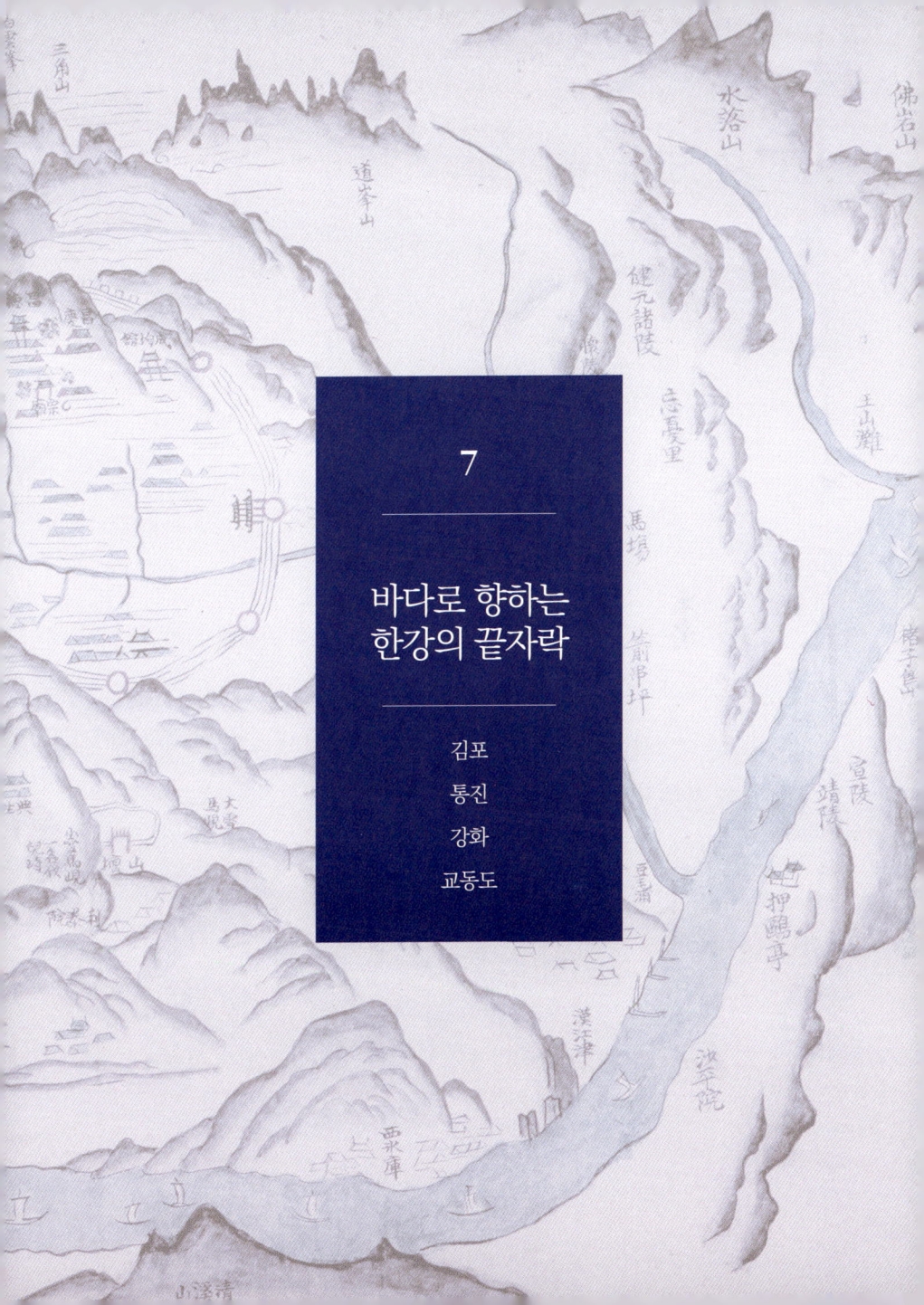

7

바다로 향하는
한강의 끝자락

김포
통진
강화
교동도

물길을 건너는 관문, 김포

염하의 잔잔한 물결이 김포와 강화 사이를 조용히 가르며 흘러간다. 겉으로 보기에는 고요한 바다이지만, 그 밑바닥에는 수백 년간 이어져온 긴장과 경계의 시간이 고여 있다. 김포는 바로 이 '경계의 땅' 위에 서 있다. 조선의 수도 한양을 지키기 위해 필연적으로 넘어야 했던 문턱, 그 중심에 김포가 있었다.

특히 덕포진은 김포 방어의 핵심이었다. 1679년 숙종 대에 설치된 이 진영은 조선 해군의 중요한 포진지로, 강화도 초지진과 광성보 등 외곽 방어선이 뚫렸을 때 마지막으로 버티던 '두 번째 문'이었다. 조선 후기 병인양요와 신미양요 때 덕포진은 실제 전투 현장으로, 해안선을 굳건히 지키려는 조선 수군의 치열한 노력이 깃들어 있다. 지금은 고요한 숲속에 복원된 대포와 전시관이 놓여 있지만 그곳을 지나던 바람은 아직도 그 긴박한 순간들을 속삭이는 듯하다.

덕포진에서 문수산성을 바라본다. 능선 따라 돌로 빽빽하게 쌓인 이 석성은 병자호란 후 남한산성과 함께 수도 방어의 후방 거점으로 축성되었다. 약 1.2km에 달하는 문수산성은 평소에 병영과 피난처 역할을 했으며, 전쟁 시에 강화와 한양을 잇는 중요한 군사 거점이었다. 정상에 서면 조강과 예성강, 한강이 거대한 나뭇가지처럼 갈라지는 지형이 한눈에 들어온다. 이 자연 지형은 군사적 방어와 감시를 위한 최적의 조건을 갖추고 있었다. 문수산성은 그 핵심을 꿰뚫고 있었다.

성곽 위를 걷다 보면 조선의 군사 체계와 방어 전략이 고스란히 느껴진다. 낡은 벽돌과 돌 하나하나가 과거 전쟁의 흔적을 머금고 있다. 정상 부근에 설치된 봉수대는 신호를 주고받던 통신의 창구였다. 이곳에서 울리던 불빛은 수도를 지키는 병사들의 결연한 의지와 맞닿아 있다.

이 두 군사 거점은 김포의 '숨은 방패'였다. 강화도가 바다 쪽 첫 방어선이었다면, 김포는 그 뒤를 든든히 받쳤다. 덕포진과 문수산성은 수도권 방어망의 중추로서 적의 침입을 감시하고 막아내는 데 중요한 역할을 했다. 이곳을 거쳐 지나갔을 수많은 병사들과 지휘관들의 숨결이 오늘도 바람에 실려 온다.

그 옛날 전쟁의 긴장과 대비 속에서 김포의 바다와 산은 결코 평화롭지 않았다. 그러나 지금은 덕포진의 대포가 조용히 잠들고, 문수산성 위로 바람만이 지나간다. 그 속에서 우리는 조선이 남긴 군사적 유산과 역사의 무게를 다시금 마주한다. 김포의 물길과 산자락은 그렇게 시대를 관통하며, 우리에게 침묵 속의 이야기를 전한다.

김포는 단순한 군사적 요충지를 넘어 600년 전 교통과 행정의 중요한 거점이었다. 조운(漕運)이라는 조선시대 세곡 운반 체계에서 김포는 핵심적 중간 기착지로 자리했다. 한양으로 쌀과 곡식이 배를 타고 올라올 때, 김포의 포구는 그 물길이 육로와 만나는 접점이었다. 이곳에서 곡식은 다시 수레에 실려 한양으로 향했고, 행정과 군사, 물자와 정보가 복합적으로 교차하는 전략적 장소였다.

장기리와 고촌 일대에 과거 포구와 창고 터의 흔적이 남아 있다. 그곳을 걸으면 한때 바쁘게 움직였던 세곡선과 배들이 만들어낸 분주한 풍경이 떠오른다. 특히 고촌은 한강 지류를 따라 형성된 저지

문수산에 바라본 강과 바다가 만나는 조강

대에 위치해 조운선들의 중요한 정박지였다. 지금은 현대적인 도로와 아파트 단지가 들어섰지만, 그 지형은 옛날과 다르지 않은 채 강의 흐름과 역사의 기억을 품고 있다.

또한 김포에는 '통진읍성'이라는 중요한 성곽이 있다. 도심 속 아파트와 도로 사이에 숨어 있어 존재를 모르는 이도 많지만, 통진읍성은 한강 수운의 마지막 경유지이자 조선 후기 군사와 행정이 집중된 곳이었다. 읍성 내부에 군관청과 병영, 행정 관청이 함께 있었으며, 성곽 일부와 축대는 여전히 그 위용을 간직하고 있다. 읍성 주변을 걷다 보면 이곳이 얼마나 치열한 경계의 현장이었는지를 짐작하게 된다.

김포의 마을 이름에도 역사의 흔적이 배어 있다. '양촌'은 햇볕 잘 드는 마을이란 뜻이지만 실제로 양천과 통진 사이의 군사적 완충지대였다. 지금은 평범한 신도시처럼 보이지만, 과거에 사신 행차와 군사 통행이 끊임없이 오갔던 길목이었다. 하성면과 대곶면은 염하를 접한 접경 지역으로, 병인양요 당시 프랑스군이 진출하려 했던 해안선이기도 하다. 이처럼 김포는 조선 해안 방어의 '숨은 힘'이자 수도권의 숨결이었다.

오늘날 김포는 공항과 아파트 숲으로 변모했지만, 그 땅 곳곳에 조선의 시간과 이야기가 스며 있다. 그 옛날 물길 따라 오갔던 배들과 그 속을 지키던 병사들의 발자취를 생각하면 김포는 여전히 경계와 생명의 역사적 공간으로 숨쉬고 있다.

조강(祖江)은 '할아버지 강'이라는 뜻을 지닌 이름이다. 단순한 별칭이 아니라, 한강과 임진강, 예성강, 그리고 염하가 한곳으로 모여드는 거대한 물줄기이기에 붙여진 이름이다. 조선시대 사람들은 이곳을 한반도의 젖줄이 시작되는 원류처럼 여겼다. 물이 사방에서 흘러들어 한데 어우러졌다 흩어지는 모습은 마치 조상이 자손을 감싸 안는 듯한 품이었다. 밀물 때는 바다가 되고, 썰물 때는 드넓은 갯벌로 변하는 풍경은 예부터 사람들의 삶을 키워왔다. 넉넉한 어장은 바닷물고기와 민물고기가 함께 모여드는 천혜의 생명터였고, 갯벌에서 조개와 게, 새우가 지천으로 잡혔다. 이곳이 '조강'이라 불린 것은 단지 지리적 만남이 아니라, 생명의 원천이라는 상징이기도 했다.

조강은 전략적으로도 중요했다. 서해로 나아가는 길목이자 개성과 한양을 잇는 물길의 교차점이었기 때문이다. 고려와 조선시대에는 조운선이 이곳을 따라 오르내리며 곡식을 실어 날랐다. 임진왜란과 병자호란 때 왜군과 청군이 서해로 들어와 이 물길을 타고 올라

왔다. 한강 하구와 맞닿은 조강이 곧 나라의 경계였기에 이곳은 늘 긴장과 방비의 공간이 되었다.

  이 조강 물길을 굽어보는 봉우리가 바로 애기봉이다. 높이 155m에 불과하지만, 바로 앞에 북한 개풍 땅이 손에 잡힐 듯 다가오는 곳이다. 봉우리 이름에 애달픈 사연이 깃들어 있다. 병자호란 당시 청나라에 끌려가던 여인이 고향을 향해 마지막으로 아이를 안고 울부짖었다는 이야기에서 '애기봉(嬰兒峰)'이라 불리게 되었다는 전설이 전한다. 눈앞에 두고도 건너지 못한 강물, 남겨두고 떠나야 했던 이들의 한(恨)이 봉우리 이름 속에 스며 있다.

  한때 애기봉은 군사적 긴장감으로 얼룩진 땅이었다. 굳게 닫힌 철책과 초소, 그리고 곳곳을 지키던 군인들의 발자국은 이곳이 분단의 최전선임을 말해 주었다. 남과 북을 가르는 강물 너머로 고향의 산천이 보였지만 다가갈 수 없는 거리는 실향민들의 가슴을 더 아프게 했다. 그들은 이곳에 올라 북녘을 바라보며 부모와 형제를 그리워했고, 제사상을 차릴 수 없어 절이라도 올리며 눈물도 삼켰다.

  하지만 시간이 흘러 애기봉은 조금씩 다른 얼굴을 드러내기 시작했다. 굳게 닫혀 있던 땅은 사람들에게 다시 열렸고, 긴장과 아픔으로만 기억되던 언덕은 평화와 생태의 상징으로 바뀌어 갔다. 가을이

애기봉 정상에 슬픈 사연을 품고 있는 비석

면 억새가 바람결에 물결치고 있다. 봄이면 새싹과 꽃이 길 따라 피어나는 풍경 속에서 사람들은 더 이상 분단의 상처만이 아니라 희망을 읽게 되었다.

특히 애기봉 전망대에서 내려다보는 조강의 풍경은 이 땅의 또 다른 이야기를 들려준다. 썰물 때 드러나는 갯벌 위에 게와 조개가 기어 다니고, 철새들이 무리를 지어 앉는다. 이곳은 단순히 군사적 경계가 아니라, 생명이 되살아나고 공존이 이루어지는 공간으로 자리 잡아 가고 있다. 강과 바다, 갯벌과 숲이 어우러져 '분단의 땅'은 이제 '생태의 터전'이라는 새로운 이름을 얻었다.

오늘의 애기봉은 역설적이다. 분단을 가장 가까이 마주하는 자리이면서도, 동시에 평화와 생명이 피어나는 공간이기 때문이다. 실향민의 눈물이 고였던 자리에 이제 아이들의 웃음소리가 울려 퍼진다. 긴장과 대립의 상징이었던 곳은 사람들의 발걸음 속에서 화해와 희망을 꿈꾸는 장소가 되었다. 애기봉은 여전히 분단을 기억하지만 동시에 미래의 평화를 준비하는 강 위의 언덕으로 우리 앞에 서 있다.

애기봉은 '분단의 최전선'이라는 무거운 역사와 함께, '평화와 생태의 공간'으로도 거듭나고 있다. 애기봉 평화생태공원이 조성되면서 이곳은 억새밭과 숲길, 전망대가 어우러진 쉼터가 되었다. 전망대에 서면 조강의 물길이 드넓게 펼쳐지고, 밀물과 썰물에 따라 변하는 갯벌 위로 철새들이 날아든다.

  애기봉 평화생태공원 정문 앞에는 조용히 자리한 묘역 하나가 있다. 바로 선조의 아홉째 아들 경창군(慶昌君)과 그의 어머니 정빈 홍씨의 무덤이다. 겉으로는 아담하고 단출해 보이지만 그 안에는 파란만장했던 조선 왕실의 역사가 고스란히 묻혀 있다.

  경창군은 광해군과 정원군의 이복동생이다. 그는 정치적 소용돌이가 끊이지 않던 조선 중기에 태어나 왕권 다툼의 중심부에 직접 휘말리지는 않았으나 언제나 그 경계에 서 있었다. 사료 속 경창군은 권력의 칼날보다 사람과의 관계와 소통에 능했던 인물로 남아 있다. 극심한 당쟁과 전쟁이 이어지던 시대, 그가 보여준 온화한 처세는 파란만장한 조선 왕실의 또 다른 생존의 방식이었는지도 모른다.

  그의 어머니 정빈 홍씨는 선조의 후궁으로 총명하고 지혜로웠으며, 아들을 보살피며 긴 세월을 버텨냈다. 특히 76세까지 장수하며 석고(石鼓)와 황궁우(黃宮宇)라는 존칭을 받았다는 사실은 조선 왕실 여성으로서 드문 기록이다. 왕의 후궁으로 살면서도 권력에 휘둘리기보다 아들과 가문을 지키는 데 온 힘을 쏟은 여인의 자취는 지금이 묘역 앞에서 더없이 깊은 울림을 준다.

 흥미로운 점은 이 묘역의 위치다. 김포 장릉과 파주 장릉 사이, 즉 조선 왕실의 중요한 능역들 사이에 나란히 자리해 있다는 것이다. 김포 장릉은 인조의 아버지 정원군의 무덤이고, 파주 장릉은 인조의 무덤이다. 두 왕릉과 나란히 놓인 경창군과 정빈홍씨의 묘는 마치 조강과 염하의 물길을 잇는 다리처럼 조선 왕실의 계보와 기억을 이어주고 있다.

 오늘날 이곳은 웅장한 왕릉들에 비해 소박하고 잘 알려지지 않은 공간이지만 그렇기에 더욱 소중한 역사적 보물이 된다. 유네스코 세계유산으로 지정된 조선 왕릉의 위계 속에서 경창군과 정빈홍씨의 묘역은 역사의 주변부에 있으면서도 결코 지워지지 않는 기억을 상징한다. 조강 물길과 염하 바람이 묘역을 감싸 안듯 세월이 흘러도 그들의 존재는 여전히 역사의 빛으로 살아 있다.

애기봉평화생태공원 정문 옆에 있는 경창군 어머니 정빈홍씨 묘역

임진강에서 바라본 송악산

한강 하류 조강의 경계, 통진

강물이 고요히 흐르는 한강 하류, 그리고 염하와 조강이 만나는 그 자리. 통진읍성은 오랜 세월 동안 한강 수운의 마지막 거점이자 조선의 중요한 행정과 군사 중심지로 자리했다. 지금은 도심과 아파트 숲 사이에 숨어 있지만 그 담장과 축대에 깃든 이야기는 그곳을 걷는 이의 마음을 깊게 울린다.

600년 전 한강을 오르내리는 배들은 통진의 포구에 닿아 짐을 내려 놓고, 다시 육로를 통해 한양으로 향했다. 세곡과 무기, 군사와 행정 문서까지, 모든 것이 이곳을 통해 흐르고 또 머물렀다.

통진읍성은 하루가 다르게 바쁘게 움직였던 현장의 숨결이 살아 있다. 그 성벽과 성돌은 수백 년 동안 수많은 이들의 발자국을 담아냈고, 지금도 그 자리에 서면 그들의 숨소리와 발걸음이 바람결에 실려 들려오는 듯하다.

한때 성벽 너머로 맑은 강물이 반짝였고, 배들이 줄지어 정박해 한양을 향한 희망과 긴장이 교차했다. 그 풍경은 많이 사라졌지만, 남아 있는 흔적들은 그 시간의 무게를 더욱 짙게 전한다. 통진읍성 길을 따라 걸으면 한강 수운의 마지막 문턱을 넘어가는 기분이 든다.

그 문턱 너머로 변화하는 시대의 물결이 흐르고 있었다. 600년 전 바다와 강, 그리고 도시가 맞닿던 그 자리에서 통진읍성은 한 시대의 상징이자 사람과 역사가 교차하는 장이었다.

통진읍성에서 보면, 한강과 조강 그리고 임진강이 맞닿아 흐르는 지점에 자리한 통진의 포구가 서서히 모습을 드러낸다. 수백 년 전 이곳은 조선시대 한강 수운의 중요한 거점이자 물류와 소통의 중심이었다.

한강 물길 따라 한양과 강화, 개성으로 연결되던 이곳 통진의 포구는 수운의 중간 기착지로, 세곡과 군수물자, 상업품들이 배에 실려 오고 갔다. 강변에 늘어선 창고와 부두에 말과 사람이 분주히 움직였고, 배는 바다를 품은 강물따라 흘러갔다. 조강과 임진강 그리고 한강이 어우러진 이 교차점은 단순한 물길이 아닌 시간과 역사가 겹겹이 쌓인 공간이었다.

계절 따라 부는 강바람은 옛날 뱃사람들의 노래와 속삭임을 멀리서 전해오는 듯하다. 봄이면 물안개가 포구를 감싸고, 여름에 갈대숲 사이에서 물새가 날아오르며, 가을이면 풍성한 곡식과 함께 배들이 정박했다. 겨울에 얼음 조각이 강가를 메웠지만 그 어느 때보다 분주한 나날이 이어졌다.

600년 전 통진 포구는 단순한 물류의 거점이 아니었다. 이곳은 지방과 수도를 잇는 정보의 통로였고, 군사적 요충지이자 상업의 중심지였다. 수운을 관리하던 관청이 이곳에 자리 잡았고, 각종 세곡과 군수물자가 신속히 움직일 수 있도록 철저한 감시와 통제가 이루어졌다. 통진 포구가 없었다면 한양의 식량과 물자의 안정적 공급은 어려웠을 것이다.

오늘날 통진은 시간이 쌓이고 도시화가 덮였지만, 바람에 실려 오는 강물 소리 속에 여전히 그 숨결이 살아 있다. 잊혀진 포구의 길목을 걸으며, 조선시대 사람들의 발걸음과 물결을 따라 시간여행하는 느낌이다. 통진 포구는 그렇게 역사와 물길이 만나며 한강 수운의 중심으로 남아 있다.

통진읍성은 현재 지금은 도시 한복판에 아파트와 도로 사이로 그 흔적만 조용히 남아 있다. 성벽과 성돌, 축대가 희미하게 남은 그곳은 과거의 군사적 긴장감과 삶의 흔적을 담은 공간이다.

통진읍성은 단순한 성곽을 넘어 한강 물길과 육로가 만나는 전략적 요충지였다. 군관청과 병영, 행정기관이 함께 자리하여 지방 행정과 군사 통제를 담당했다. 수많은 사신과 상인, 병사들이 이곳을 거쳐 갔고, 때로는 적의 침입을 막아내는 성채 역할을 했다.

한강 물길 따라 한양과 강화, 개성으로 향하는 길목에 자리한 통진읍성은 강변의 수문장처럼 지켜냈다. 특히 병인양요와 신미양요 등 외세의 침략 위기 속에서, 이곳은 안전과 군사 방어에 중대한 역할을 했다. 수운선의 움직임을 감시하며, 군사적 경계선 역할을 했던 통진읍성은 강과 강이 만나는 이 지형을 꽉 쥐고 있었다.

통진읍성 내부에서 일상과 전쟁, 행정과 민생이 서로 얽혀 있었다. 조선시대 지방민들의 삶이 고스란히 녹아 있는 공간이었다. 성곽의 흔적을 따라 걷다 보면 과거 통진향교도 그대로 있다.

강을 따라 몰려든 상인들은 물건을 사고팔며 이야기를 나누었고, 병사들은 부두와 성벽을 지키며 긴장의 끈을 놓지 않았다. 장터에서는 곡식과 생필품이 거래되었고, 포구 언덕에 늘어선 주막과 객주는 먼 길을 온 이들에게 쉼과 정보를 나누는 공간이었다.

오늘날 아파트와 도로에 묻혀 옛 자취를 온전히 찾기 어렵지만 성벽의 흔적과 지형 속에 여전히 그 시대의 기운이 배어 있다.

도시의 발전 속에 사라진 듯한 읍성이지만 통진읍성은 여전히 김포의 역사와 문화를 이어주는 중요한 상징이다. 성벽 아래 강물이 흐르고, 한강 하구의 바람이 성곽 사이를 지나가며 그 옛날 굳건했던 수문장의 숨결을 전한다.

한강, 임진강, 염하, 예성강이 만나는 조강

요새의 섬, 강화

강화 땅에 들어서기 전 먼저 맞이하는 물길이 있다. 바로 염하다. 김포와 강화 사이를 가르며 흘러 서해로 나아가는 이 좁은 물길은 오랫동안 한양의 관문이자 조선을 지키는 최전선이었다.

겉으로 보기엔 잔잔하고 고요한 강줄기지만 염하는 언제나 전략의 요지였다. 병자호란 때 청군이 이 물길을 건너려 했고, 병인양요와 신미양요 때 서구 열강의 군함이 이곳을 거쳐 강화로 들이닥쳤다. 강화읍성과 초지진, 덕진진, 광성보 같은 요새가 염하를 따라 촘촘히 자리잡은 것도 이 때문이다.

강화의 역사적 사건 대부분이 이 물길과 연결되어 있다. 염하는 한양을 향해 들어오는 길목이자 마지막 방어선이었다. 한강에서 흘러온 물이 서해로 퍼져나가기 전 반드시 이곳을 지나야 했다. 그래서 조선은 염하를 봉쇄하고 지키는 데 온 힘을 기울였다.

오늘날 강화대교 위에 서서 염하를 내려다보면 고요한 물결 아래에 숱한 전쟁과 피의 기억이 잠들어 있음을 느낄 수 있다. 하지만 동시에 이 물길은 평화의 길이기도 하다.

김포 문수산성에서 바라본 강화대교와 강화 갑곶에 흐르는 염하

염하 물길을 따라가면 드넓은 성곽이 산과 물을 감싸 안은 채 모습을 드러낸다. 바로 강화성이다. 고려 말부터 축조가 시작되어 조선 초기까지 보완된 이 성곽은 한양을 지키는 최전선이자 조선 국방의 상징이었다.

성벽 위에 오르면 한강 하구와 서해가 한눈에 들어온다. 파도와 강물이 부딪히는 풍경은 아름답지만 동시에 이 물길을 넘어오려 했던 수많은 외적의 발자취가 겹쳐진다. 병자호란, 병인양요, 신미양요 때 강화성은 피와 불길 속에 서 있었고, 조선의 군사들은 이 성벽을 의지해 끝까지 싸웠다.

강화성 성벽 곳곳에 남아 있는 총안과 수문, 그리고 망루는 철저한 방어 전략의 산물이었다. 성벽 아래 자리한 강화읍성은 행정과 군사의 중심지였고, 관아와 객사, 누각들이 모여 이 섬의 정치·문화적 역할을 뒷받침했다. 물길 따라 오가는 배들을 통제하는 관청도 이곳에 있었으니 강화산성은 국방뿐 아니라 교통과 물류의 중심이기도 했다.

강화 바다에 닿으면 평화롭게 출렁이는 물결 너머로 초지진과 광성보가 차례로 서 있다. 지금은 고요한 성벽이지만 1866년 병인양요 당시 이곳은 조선이 서양 열강과 처음으로 맞닥뜨린 격전지였다.

프랑스군은 강화도를 조선의 약점으로 보았다. 한양에서 가까우면서도 바닷길로 바로 접근할 수 있었기 때문이다. 강화해협을 따라 진무영, 덕진진, 광성보, 그리고 초지진까지 이어지는 바다의 방어선은 조선이 병자호란 이후 세운 바다 요새의 결정체였다. 수도 한양에서 불과 이틀 거리. 이 바다를 내주면 곧장 도성까지 적의 발길이 닿을 수 있었기에 이곳은 심장부를 지키는 마지막 목구멍과 같았다. 특히 조강(祖江), 즉 할아버지 강이라 불리던 이 지역은 한강과 임진강, 예성강이 서로 몸을 부딪치며 바다로 스며드는 접점이다.

프랑스 함대가 강화도에 상륙했고, 얼마 지나지 않아 초지진의 성벽을 향해 첫 포탄을 쏘아올렸다. 그것이 조선과 외세 사이의 첫 총성이었다. 함대가 강화해협을 거슬러 들어오자 가장 앞자리에 있던 초지진은 단숨에 무너졌다. 성벽은 깨지고 포루는 불타 올랐다. 이어 덕진진과 광성보까지 공격을 받았으나 광성보에서 어재연 장군과 군사들이 결사 항전했다. 비록 수적으로 밀려 패배했지만 이 싸움은 조선이 고립된 세계와 처음 부딪힌 역사적 순간이었다.

프랑스 군대는 초지진을 무너뜨린 뒤, 곧장 강화도의 심장부를 향해 진격했다. 그들이 향한 곳은 조선 수비의 최후 보루, 광성보였다. 강화해협 북쪽에 위치한 광성보는 1677년(숙종3) 병자호란의 치욕을 반복하지 않겠다는 의지로 축조된 요새였다.

이곳은 조선군의 총지휘관 양헌수가 지휘하는 정예부대가 포진해 있던 진지였다. 프랑스군은 초지진에서와 같은 방식으로 광성보를 공략하려 했다. 대포와 소총, 해상 병력을 앞세워 조선군의 저항을 무너뜨릴 생각이었다. 그러나 광성보에서 마주한 조선의 대응은 그들의 예상과 달랐다. 조선군은 끝까지 물러서지 않았다. 광성보 성벽을 따라 배치된 병사들은 포화 속에서도 진지를 지켰고, 양헌수는 직접 성루 위에 올라 병사들을 독려하며, 사력을 다했다.

전투는 치열했다. 성벽은 무너졌고, 군사들은 하나둘 쓰러졌지만 조선군의 방어선은 쉽게 뚫리지 않았다. 이곳에서 프랑스군은 생각보다 많은 시간을 소모했고, 병력 손실도 적지 않았다. 결국 조선군은 광성보를 내주었지만 그 항전의 정신은 이후 프랑스군의 전진을 멈추게 하는 계기가 되었다. 프랑스는 점령한 강화에서 며칠 머문 뒤 전리품과 기록만 남긴 채 철수했다.

강화는 이렇게 조선의 마지막 방어선이자 근대로 넘어가는 길목에서 치른 아픈 전쟁의 기억을 품은 땅이다.

외세를 막아낸 조선의 관문, 강화성 남문

서해의 관문, 교동도

한강이 서해로 흘러드는 그 끝자락에 교동도라는 섬이 있다. 이 섬은 한국사의 깊은 굴곡과 오늘의 분단 현실을 생생히 품고 있는 장소다. 물길은 여기서 바다와 만나 퍼져나가지만 교동도의 땅과 바다는 결코 평화롭기만 한 풍경을 담고 있지 않다.

교동도는 한강과 임진강, 예성강이 만나는 서해 하구의 요지에 자리한 섬이다. 세 강이 합쳐진 뒤 바다로 나아가기 직전에 위치한 지형적 특성 덕분에 예로부터 이곳은 바다와 내륙을 잇는 관문으로 불렸다.

고려시대 이래로 교동도는 강화와 함께 서해 방어의 핵심 거점이

강화 교동도 교동읍성의 남문인 유량루(庾亮樓)

었다. 몽골 침입 때 강화가 임시수도가 되었을 때에도, 교동도는 외곽 방어선의 일부로서 진과 봉수대가 세워져 바닷길을 감시했다. 조선시대에 들어서도 교동도에는 군사시설과 관아가 설치되었으며, 초지진·광성보와 더불어 서해로 향하는 적선을 저지하는 중요한 방어망을 형성했다.

섬의 남쪽 해안은 갯벌과 모래사장이 발달하여 어업이 번성했고, 서해의 조수간만 차를 이용한 해양 생태계가 풍부했다. 황복, 숭어, 전어 등 계절마다 다른 어종이 잡히며, 바다와 강을 오가는 배가 끊이지 않았다.

20세기 들어서 한반도 분단의 현장으로서 교동도의 의미가 크게 달라졌다. 1953년 정전협정 이후, 교동도는 군사분계선과 비무장지대가 바로 인접해 있는 남북의 최전선이 되었다. 교동도는 '민간인 출입통제선' 안에 놓였다.

육지와 강화에서 좁은 해협 하나를 사이에 두었지만 군사적 경계로 인해 오랫동안 일반인의 접근이 쉽지 않았다. 섬 북쪽에서 바라보면 불과 몇 킬로미터 앞에 북한 황해도의 연안이 선명하게 보인다. 그 거리는 가깝지만 수십 년 동안 넘을 수 없는 강과 바다의 경계가 되어버렸다.

그럼에도 교동도는 그 특유의 한적함과 옛 마을 풍경을 고스란히 간직했다. 강화와 마찬가지로 기와집과 초가가 섞인 마을, 오래된 향교와 당산숲, 포구의 흔적이 섬의 역사와 함께 살아 있다. 섬 한가운데 위치한 교동향교는 조선시대 지방 교육과 유교문화를 전하던 중심지로, 오늘날에도 섬의 정신적 지주 역할을 한다.

교동도의 주민들은 그 첨예한 경계 속에서 살아왔다. 군사적 긴장과 함께 '금지구역'으로 지정된 지역도 많아 자유로운 이동은 제한되었다. 섬 곳곳에 비무장지대를 감시하는 초소와 군사시설이 남아 있어, 평화롭고 아름다운 자연 속에 숨겨진 긴장과 고요한 싸움의 흔적을 확인할 수 있다.

하지만 교동도는 단순한 분단의 상징을 넘어 남북 교류와 평화의 가능성을 품은 공간으로도 주목받고 있다. 여러 차례 남북 간 접촉과 교류 시도가 이루어진 곳이며, 평화와 화해의 메시지를 담은 문화 행사도 열린다. 섬 주민들은 언젠가 다리가 놓이고, 한강의 물길과 서해가 이어져 남과 북이 자유롭게 오갈 날을 기다린다.

교동도의 바다는 오늘도 잔잔히 흐르지만 그 안에 담긴 시간은 결코 잔잔하지 않다. 분단의 아픔과 군사적 긴장의 흔적, 그리고 평화를 향한 열망이 서로 맞물려 교동도는 한반도의 아픈 역사와 희망을 동시에 안고 있다. 이 섬에서 바라보는 서해 너머의 풍경은 단절된 과거를 넘어 화합과 통일의 미래를 향한 간절한 기도와 같다.

  한강 물길 따라 걸어온 이 책의 여정도 여기 교동도에서 바다와 만나 끝을 맺지만 그 물길이 품은 역사는 끝나지 않는다. 끝은 언제나 또 다른 시작이다.

석모도에서 바라본 교동도

• 맺음말 •

경기 아리랑

아리랑 아리랑 아라리오
아리랑 고개 넘어서면
한강 물결 속삭이네

양근 장터 봄빛 가득
북한강 남한강 어깨 맞대고
마을과 마을 손을 잡네
양주 성곽에 바람은 춤추고
남양주 나루터엔 배들이 잠드네

아리아리 아라리오
광주 남한산성 성문 아래 서면
성남 옛길 도성으로 이어지고
하남 들녘엔 강빛이 넘실대네

아리랑 아리랑 아라리요

노량진 나룻배 떠나는 소리

시흥행궁 고즈넉한 길 위에

과천 원행길 정조의 발자취 남는다

아리랑 아리랑 아라리요

여의도 모래밭 햇살에 빛나고

양화진·잠두봉 믿음이 서려

난지도·선유봉·밤섬 기억의 강에 잠긴다

아리아리 아라리오

겸재 정선 붓끝 따라 물빛 흘러

양천 풍경 금천 마을

안양천 따라 영등포 포구에 닿는다

아리랑 아리랑 아라리요

행주산성 칼바람 스치며

고양 왕릉 기운 고요히 빛나네

아리아리 아라리오

임진강과 한강이 서로를 부르고

끊긴 철로 장단에 잠들었어도

율곡의 숨결은 화석정에 흐른다

아리랑 아리랑 아라리요

강화읍성 성벽 굳세게 서고

초지진 광성보 붉은 함성 남아

교동도 바다 첫 숨결 일렁인다

아리랑 아리랑 아라리요

그날의 총성 바다에 사라져도

사람의 길은 다시 이어지고

물길은 끝나지 않고 바다로 나아간다

아리 아리랑 쓰리 쓰리랑

강 따라 산 따라 함께 걷네
잊힌 마을, 사라진 나루
이 길 위에 다시 살아나네

아리랑 아리랑 아라리요
사람이 길을 만들고
길은 다시 사람을 부르네

아리아리 아라리오
빛나진 않아도 소중한 마음
이 책에 고요히 담아 두네

한강물길 따라 걷는 경기옛길

1판 1쇄 발행 2025년 9월 4일

지은이 최철호
편 집   조충영
사 진   최대원

펴낸곳 아임스토리(주)
펴낸이 남정인
출판등록 2021년 4월 13일 제2021-000113호
주 소   서울특별시 성동구 광나루로 286 아인빌딩 9층
전화   02-516-3373
팩스   0504-037-3378
전자우편 im_book@naver.com
홈페이지 www.im-story.com
블로그 blog.naver.com/im_book

*저자와 출판사의 동의 없이 내용의 일부를 인용하거나 발췌하는 것을 금합니다.
*잘못된 책은 바꾸어 드립니다. 값은 뒤표지에 표시되어 있습니다.

ISBN 979-11-994285-0-8(03810)